Werner Posner

Schätze in irdenen Gefäßen

Werner Posner

Schätze in irdenen Gefäßen

Predigten. Gedichte. MiniGeschichten

Fromm Verlag

Impressum / Imprint
Bibliografische Information der Deutschen Nationalbibliothek: Die Deutsche Nationalbibliothek verzeichnet diese Publikation in der Deutschen Nationalbibliografie; detaillierte bibliografische Daten sind im Internet über http://dnb.d-nb.de abrufbar.
Alle in diesem Buch genannten Marken und Produktnamen unterliegen warenzeichen-, marken- oder patentrechtlichem Schutz bzw. sind Warenzeichen oder eingetragene Warenzeichen der jeweiligen Inhaber. Die Wiedergabe von Marken, Produktnamen, Gebrauchsnamen, Handelsnamen, Warenbezeichnungen u.s.w. in diesem Werk berechtigt auch ohne besondere Kennzeichnung nicht zu der Annahme, dass solche Namen im Sinne der Warenzeichen- und Markenschutzgesetzgebung als frei zu betrachten wären und daher von jedermann benutzt werden dürften.

Bibliographic information published by the Deutsche Nationalbibliothek: The Deutsche Nationalbibliothek lists this publication in the Deutsche Nationalbibliografie; detailed bibliographic data are available in the Internet at http://dnb.d-nb.de.
Any brand names and product names mentioned in this book are subject to trademark, brand or patent protection and are trademarks or registered trademarks of their respective holders. The use of brand names, product names, common names, trade names, product descriptions etc. even without a particular marking in this work is in no way to be construed to mean that such names may be regarded as unrestricted in respect of trademark and brand protection legislation and could thus be used by anyone.

Coverbild / Cover image: www.ingimage.com

Verlag / Publisher:
Fromm Verlag
ist ein Imprint der / is a trademark of
OmniScriptum GmbH & Co. KG
Heinrich-Böcking-Str. 6-8, 66121 Saarbrücken, Deutschland / Germany
Email: info@frommverlag.de

Herstellung: siehe letzte Seite /
Printed at: see last page
ISBN: 978-3-8416-0613-6

Copyright © 2015 OmniScriptum GmbH & Co. KG
Alle Rechte vorbehalten. / All rights reserved. Saarbrücken 2015

- *Vorwort: Schatzsucher sein*   3

- *Schätze – Worte der Bibel*   5

Gedicht „ichthys – alles schon da"   6
Das Rad - Symbol eines spirituellen Weges   7
unERhört (Lukas 18,35-43)   12
Der andere Advent (Lukas 3,1-17)   17
Gedicht „herab, herab"   22
In allem versucht wie wir (Matthäus 4,1-11)   23
Leben in der Perspektive des Reiches Gottes (Lukas 16,1-9)   28
Angst haben (Johannes 16,33b)   32
Gedicht „Mir träumte"   35
In der Seh-Schule Jesu (Johannes 12,20-24)   36
How love could be (2. Korinther 13,11-13)   39
Überzeugende Gemeinde (Apostelgeschichte 6,1-7)   43
Hauptsache „kern-gesund" (Markus 2,1-12)   47
Geh aus mein Herz (Liedpredigt; EG 503)   51
Gedicht „Memento für rauhere Tage"   54

- *Gefäße – Menschen auf ihrem Weg*   55

Gedicht „Feuer und Wasser"   56
Sei gesegnet (Taufpredigt)   57
Gedicht „Liebeslied"   61
Lieben heißt: versprechen und vertrauen (Traupredigt)   62
Gedicht „Allerseelen"   66
Unsere Heimat ist im Himmel (Trauerpredigt)   67

- *Irden – Entdeckungen im Alltag*   71

Gedicht „Die Welt ist voller Geschichten"   72
„Zwischenrufe"[1]   73
    Suche nach Licht   73
    Nicht zerbrechen   75
    Krisen meistern   76
    Ein Schluck Licht im Advent   77
    Brückentag   78
    Reden ist Gold   79
    Ein Lieblingstag   80
    Aufrunden bitte   81
    Schätze heben   82
Geschichten von Onkel Fritz   83

- ***Nachwort: Im Übrigen meine ich***   97

Nachweise   99

---

[1] „Zwischenruf" – eine Rubrik in der Samstagsausgabe des „Stadtspiegel Bochum". Es handelt sich um geistliche Impulse von Vertreter/innen der christlichen Kirchen und der jüdischen Kultusgemeinde.

- *Vorwort: Schatzsucher sein*

Wir sind reich an Schätzen. Bodenschätze begründen unsere materiellen Lebensgrundlagen. Wissensschätze geben Orientierung und Sicherheit. Erfahrungsschätze sind wertvolle Ressourcen in Anfechtungen, Krisen und Konflikten.
Ich finde es wichtig, dass wir uns solcher Schätze erinnern, sie hüten und pflegen. In besonderen Stunden glückt es uns, sie mit anderen zu teilen und uns gemeinsam an ihnen zu freuen. Von den drei Magiern aus dem Orient wird berichtet, dass sie ihre Schätze auftaten und das Kind im Stall zu Bethlehem reich beschenkten (Matthäus 2,10).
Wozu sonst sind Schätze da, als dass man sie auftut, mit- und austeilt? Wer sie für sich allein behalten möchte und vergräbt, wird böse und faul genannt (Matthäus 25,26), und im schlimmsten Fall werden ihm seine Schätze von Rost und Motten zerfressen oder gestohlen (Matthäus 6,19).

Schatzsucher, Wünschelrutengänger, Goldgräber hat es zu allen Zeiten gegeben. Solche Abenteurer haben meine jugendliche Phantasie reich bevölkert. Später bin ich auf andere „Schätze" gestoßen: Schätze in den Menschen. Ihre Gefühle und Empfindungen, ihre Phantasie und Kreativität, ihre Leiden und Freuden, ihre Überlebenskraft, ihre Lebenslust und ihren Lebensmut habe ich mehr und mehr schätzen gelernt.
Und ich lernte auch die biblischen Überlieferungen als lebensnahe, erfahrungsbezogene Zeugnisse zu lesen und zu deuten. Für mich wurden das „Studium" der Menschen im Licht der biblischen Traditionen und das Studium der Bibel im Licht der menschlichen Erfahrungen mehr und mehr zu einer Entdeckung von vielfältigen Schätzen.

In einem Seelsorgekurs sollten wir einmal unser Seelsorgeverständnis malen. Mir kam spontan ein Wort von Paulus in den Sinn: *„Denn Gott, der sprach: Licht soll aus der Finsternis hervorleuchten, der hat einen hellen Schein in unsere Herzen gegeben, dass durch uns entstünde die Erleuchtung zur Erkenntnis der Herrlichkeit Gottes in dem Angesicht Jesu Christi.*

Wir haben aber diesen Schatz in irdenen Gefäßen, damit die überschwängliche Kraft von Gott sei und nicht von uns" (2. Korinther 4,6+7).
Und ich malte einen Krug mit Rissen und Sprüngen, durch die der Glanz eines im Innern verwahrten Schatzes leuchtete.
Was hat das mit Seelsorge zu tun? Kurz gesagt: Seelsorge ist für mich mehr und mehr die in einer vertrauensvollen persönlichen Begegnung sich ereignende Suche nach den inneren Schätzen in den irdenen Gefäßen unseres Menschseins.

Ich habe mich oft gefragt: Was genau versteht Paulus unter diesem Schatz? Meint er die schöpferische Kraft Gottes – oder die Spiegelung seines Lichtes in den Menschen – oder die Herrlichkeit Gottes im Angesicht des leidenden Christus – oder das Angesicht Christi, das uns in den Leidenden anschaut? Ich vermute, dass der Schatz, von dem Paulus schreibt und den ich in den Begegnungen mit Menschen suche, aus allem besteht – aus allen diesen wechselseitigen Beziehungen und Spiegelungen des Göttlichen im Menschlichen und umgekehrt.

„Schätze in irdenen Gefäßen" sind also zu entdecken in den Worten der Bibel und in den vielen Facetten unseres Lebens. Vielleicht machen meine Predigten und Andachten, Gedichte und kleinen Geschichten auch Ihnen, liebe Leserin, lieber Leser, Lust, auf „Schatzsuche" zu gehen.

Ich danke meiner Frau Elisabeth Posner für viele anregende Gespräche und widme ihr dieses Buch in großer Dankbarkeit für über fünfunddreißig Jahre gemeinsamer Gefährtenschaft.

Bochum, im Oktober 2015

■ *Schätze – Worte der Bibel*

ichthys – alles schon da

(Johannes 21,1-14)

durchwachte nacht
kein land in sicht
kein fisch im netz
nichts in trockenen tüchern
viel vergebliche mühe
alles ein windhauch

dein windhauch
erweckt einen funken
entfacht ein feuer
land ist in sicht
brot und fisch
alles schon da

Das Rad – Symbol eines spirituellen Weges[2]

Ich habe ein Rad mitgebracht, das ich bei einem Trödler gefunden habe. Es erinnert mich an die Schubkarren und Handwagen auf dem bäuerlichen Hof meiner Eltern.
Räder gehören zu den tollsten Erfindungen der Menschheit. Können wir uns eine Welt ohne Rad überhaupt noch vorstellen – ohne Fahrräder, Autos, Busse und Bahnen, ohne Rolltreppen und Fließbänder?
Wie muss das gewesen sein, als die Menschen zu Fuß von Ort zu Ort wanderten und jedes Gepäckstück selber trugen oder von einem Lasttier tragen lassen mussten?

Ich möchte das Rad aber jetzt nicht in seiner praktischen Bedeutung reflektieren, sondern Sie einladen, es als ein Symbol zu betrachten – als Symbol für verschiedene Dimensionen unseres Lebens.

AUSSEN
Beginnen wir außen beim Radreifen.
Er erinnert mich an die sogenannten Äußerlichkeiten des Lebens, an unsern Alltag mit allem, was dazu gehört: Körperpflege, Waschen, Einkaufen, Aufräumen, den Hund ausführen, die Miete überweisen, die Freundin oder Schwiegermutter anrufen, ein Geschenk besorgen, einen Brief schreiben, mit den Kollegen reden, einen Krankenbesuch machen.

Zum Alltag gehören auch die Vergnügungen, die großen und kleinen Freuden: ins Kino gehen, Fernsehen, Musik hören oder selber machen, mit Freunden ausgehen, in der Badewanne liegen, Sport machen, ein Glas Wein oder ein kühles Bier trinken – all das, was zum Beispiel der Prediger Salomo so anschaulich beschreibt:
„Ich tat große Dinge: Ich baute mir Häuser, ich pflanzte mir Weinberge, ich machte mir Gärten und Lustgärten und pflanzte allerlei fruchtbare Bäume hinein; ich machte mir Teiche, daraus zu bewässern den Wald der

---
[2] gehalten am 22.06.2008 im Lutherhaus der Ev. Kirchengemeinde Bochum-Stiepel

grünenden Bäume. ... Ich sammelte mir auch Silber und Gold und was Könige und Länder besitzen; ich beschaffte mir Sänger und Sängerinnen und die Wonne der Menschen, Frauen in Menge. Und alles, was meine Augen wünschten, das gab ich ihnen und verwehrte meinem Herzen keine Freude, sodass es fröhlich war von aller meiner Mühe; und das war mein Teil von aller meiner Mühe" (Prediger Salomo 2,4-10 in Auswahl).

Die Außenseite des Lebens, das ist unser Körper – das sind Krankheiten, Schmerzen, Unfälle, Schicksalsschläge, das sind verwandtschaftliche, nachbarschaftliche, freundschaftliche, berufliche Beziehungen – das sind die politischen und gesellschaftlichen Angelegenheiten. Das sind auch Konflikte und Streit.

Unser Rad hat um seinen Reifen einen Schutz aus Metall. Ohne diesen Schutz wäre es schnell hinüber. Welchen Schutz haben wir angesichts der Härten des Lebens? Von manchem Menschen wird gesagt, er habe ein „dickes Fell" oder eine „rauhe Schale". Das kann ein guter Schutz sein. Manche sind eher dünnhäutig. Ihnen fehlt oft der notwendige Schutz, die Kraft zur Abgrenzung und zum Widerstand.

Für manche ist der Glaube ein hilfreicher Schutz in den Tücken und Härten des Alltags. Sie vertrauen sich dem Schutz Gottes an, sie hoffen, von „guten Mächten" behütet zu sein. „Der Herr ist treu; der wird euch stärken und bewahren vor dem Bösen", heißt es in der Bibel (2. Thessalonicher 3,3). In Zeiten also, wo der Druck von außen groß wird, können wir hoffen und bitten, mit Gottes Hilfe Widerstandskraft zu bekommen und den nötigen Schutz erfahren.

AUF DEM WEG NACH INNEN
Nun besteht das Leben nicht nur aus den äußeren Dingen, so sehr sie uns auch in Anspruch nehmen. Das Rad besteht ja auch nicht nur aus dem Reifen. Erst mit den Speichen und der Nabe wird es zu einem ganzen Rad.

Betrachten wir also nun die Speichen. Für mich symbolisieren sie einen Weg: den Weg von außen nach innen, vom Körperlichen zum Seelischen, vom Materiellen zum Geistigen.

Zum Lebendigsein gehören auch die inneren Bewegungen, Gefühle, Phantasien, Vorstellungen, Wünsche, Pläne, Hoffnungen und Befürchtungen. Wie reich sind wir Menschen in unserem Inneren! Darüber staune ich immer wieder. Wir haben „Schätze in irdenen Gefäßen", um es mit einem Bild von Paulus zu sagen (2. Korinther 4,7). Deshalb lohnt es sich, darauf zu achten, was in uns und in anderen Menschen vorgeht. Sind Talkshows so beliebt, weil sich hier Menschen auch mit ihrem Inneren zeigen? Zieht es so viele ins Kino oder ins Fußballstadion, weil hier die großen Gefühle gezeigt und miterlebt werden können?
Wir sind reich an Gefühlen: Freude, Dankbarkeit, aber auch Angst, Trauer, Scham, Wut, Schuldgefühle. Sie machen unsere Lebendigkeit aus.

Wenn ich aufmerksam mein Inneres wahrnehme, kann es auch geschehen, dass ich einer tiefen Lebensangst begegne: Bin ich gut genug? Kann ich bestehen vor den anderen? Was ist, wenn ich bestimmte Erwartungen nicht erfülle? Was wird aus mir, wenn ich scheitere, wenn ich krank werde, wenn ich sterben muss? Hat mein Leben überhaupt einen Sinn?

Genauso empfand es wohl der Prediger Salomo, trotz seines Reichtums, seiner Weisheit und seiner Freuden. Er schreibt: „Als ich aber ansah alle meine Werke, die meine Hand getan hatte, und die Mühe, die ich gehabt hatte, siehe, da war es alles eitel und Haschen nach Wind und kein Gewinn unter der Sonne." (Prediger Salomo 2,11). Das Gefühl von Sinnlosigkeit, Vergeblichkeit – steht dies zwangsläufig am Ende eines langen Lebens, am Ende unserer Suche nach Sinn und Glück?

DAS INNEN
Gehen wir einen Schritt weiter. Lassen wir uns von Glücksgefühlen genauso wenig fesseln wie von beklemmenden Gefühlen, von Angst und Furcht; gehen wir durch Lust und Freude, durch Schuld und Versagen,

durch Zweifel und Lebensangst hindurch – und nähern wir uns dem Bereich, den die Nabe des Rades symbolisiert, die trotz aller Bewegung in sich ruht – auch wenn sich alles um sie herum dreht und in Bewegung ist. Wie kommen Sie zur Ruhe? Wie gelangen Sie aus der Hektik und dem ständigen Getriebensein zu Gelassenheit und innerem Frieden? Gibt es das in uns – die Gewissheit, dass wir bewahrt und behütet sind, dass unser Leben einen Sinn und eine unverletzliche Würde hat, dass es ein gutes Ziel für uns gibt jenseits und hinter all unseren persönlichen Wünschen, jenseits und hinter allem Gelingen und Scheitern?
Und wenn uns dieser Glaube auf Grund schlimmer Erlebnisse zerbrochen ist, gibt es einen Weg, da wieder hin zu kommen?
An diesen innersten Ort der Ruhe und des Friedens und der Geborgenheit, an dem unser Vertrauen beheimatet ist?
Hier können alle guten Kräfte, die dem Leben dienen, entstehen: die Liebe zu Gott und dem Nächsten und zu uns selbst.
Aber wie kommen wir dahin? Ob es dazu einer besonderen religiösen Veranlagung bedarf? Oder besonderer geistlicher Übungen?
Ich habe diesen Ort manchmal in einem Gottesdienst gefunden, in einer leeren Kirche, im „Messias" von Georg Friedrich Händel, im Gebet. Für jeden mag der Weg dahin ein anderer sein. Manchmal muss man eine Weile suchen, bis man diesen innersten Ort der Ruhe, der Kraft, des Vertrauens, der Liebe findet.
Und wir gelangen wohl erst dann an diesen Ort, wenn unsere Sehnsucht danach größer ist als unsere Angst vor der Stille.

ZURÜCK AUF DEM WEG NACH AUSSEN

Nun habe ich mit Ihnen dieses Rad betrachtet. Wir haben gesehen, wie Reifen, Speichen und Nabe miteinander verbunden sind und ein Ganzes bilden. Wir haben uns vergegenwärtigt, dass so auch die verschiedenen Seiten unseres Lebens zusammen hängen. Und so, wie Ihr Blick jetzt vielleicht hin und her wandert, vom Reifen zur Nabe und wieder zum Reifen zurück, so können Sie aus der Ruhe in die Bewegung, aus dem Beten ins Handeln, vom Sonntag in den Werktag gehen. Die Geheimnisse und

Schätze wollen in der Mitte und auch an den Rändern und Grenzen des Lebens entdeckt und gelebt werden. Auch hier ist Gott uns nahe.
Und der Friede Gottes, der höher ist als alle Vernunft, bewahre unsere Herzen und Sinne in Christus Jesus.
Amen.

unERhört - Lukas 18,35-43[3]

Liebe Gemeinde!

Mit diesem „Kyrie ", das Anton Dvorak so ausdrucksvoll in Tonsprache übersetzt hat[4], sind wir mitten im Evangelium von der Heilung des blinden Bettlers. Ich habe es für unseren Gottesdienst ausgewählt, weil es einen bemerkenswerten Dreiklang anschlägt und entfaltet, den Dreiklang von **Hören** und **Sprechen** und **Sehen**. Dem möchte ich ein wenig nachgehen und dabei auch einige Erfahrungen aus der Telefonseelsorge einzeichnen.

Fangen wir vorne an. Versuchen Sie sich einmal vorzustellen, wie es ist, blind zu sein, nicht sehen zu können, Ihre Umgebung nur durch Fühlen, Tasten und Hören wahrzunehmen! Ich schrecke vor dieser Vorstellung zurück. Ich erinnere mich gut, wie für mich als Kind meine Kurzsichtigkeit ein großes Problem war. Neben den kleinen alltäglichen Einschränkungen begleitete mich lange die Angst, vielleicht einmal zu erblinden, so wie der Bauer in unserem Dorf, zu dem ich manchmal geschickt wurde, um den Wetterbericht zu erfragen. Der alte Mann saß den ganzen Tag am Radio und kannte alle aktuellen Wettervorhersagen – für die Landwirtschaft eine wichtige Information. Ihm dort in seiner Stube zu begegnen, war mir immer etwas unheimlich. Später habe ich als Student an einem Gesprächskreis mit blinden Kommilitonen teilgenommen und erfahren, dass Blinde uns Sehenden auch einiges voraus haben. Sie besitzen einen ausgeprägteren Tastsinn und ein besonders feines Gehör, mit dem sie die Umgebung differenziert wahrnehmen. Und vielleicht betrachten sie – lauschend und innerlich schauend – manches eingehender und gewinnen dadurch tiefere Einsichten als mancher, der sehen kann.

Und dennoch: diese Behinderung ist gravierend. Sie macht den Mann in unserer Geschichte zum Sozialfall: er ist in besonderer Weise abhängig

---

[3] gehalten beim 30-jährigen Jubiläum der Telefonseelsorge Bochum am 21.06.2009. Dieser Gottesdienst wurde als ökumenischer Gottesdienst zusammen mit der Arbeitsgemeinschaft Christlicher Kirchen in Bochum (ACK) gefeiert.
[4] vor der Predigt hat die Stadtkantorei Bochum das "Kyrie" aus der Messe D-Dur von Anton Dvorak gesungen.

von den anderen, ist von vielem ausgeschlossen, verbringt sein Dasein in immerwährender Dunkelheit!
Als er merkt, dass etwas Besonderes um ihn herum vorgeht, erkundigt er sich und erfährt, dass Jesus in der Stadt ist. Er wird von ihm gehört haben, und der Name Jesus weckt bei ihm eine große Erwartung und Hoffnung. Und weil er sich so sehr nach einem helleren, freieren, unabhängigeren Leben sehnt, ruft er laut und hemmungslos: „Kyrie eleison", „Herr, erbarme dich". Aber die anderen wollen das nun nicht hören. Sie schüchtern ihn ein, verbitten sich sein Geschrei, versuchen, ihn mundtot zu machen. ´Es muss doch auch mal Ruhe geben, nicht immer nur Probleme, Trostlosigkeit, Ungerechtigkeit, Lebensnot! Wer kann das alles sehen, wer will das alles hören?´ Leben wir deshalb in einer so lauten Zeit, weil alles „Unerhörte" übertönt werden soll mit einer Decke aus Lärm? Wenn aber keiner mehr den anderen hört, leben wir dann nicht völlig beziehungslos nebeneinander her?!

„Jesus aber blieb stehen und ließ ihn zu sich führen".
Jesus **HÖRT**. Er hört im allgemeinen Geräuschpegel der antiken Stadt den Ruf des Bettlers, des Fremden, des Menschen in der bedrückenden Dunkelheit seines Lebens, der sich nicht zum Schweigen bringen und mundtot machen lässt. Jesus will diesen „Unerhörten" und alles „Unerhörte" seines Herzens hören. Damit fängt seine Seelsorge an uns Menschen an.

Wir wissen alle, wie sehr einem Menschen manchmal schon geholfen ist, wenn er nur ein offenes Ohr findet. Jesu Hören auf das „Unerhörte" kann uns, seinen Nachfolgern, deshalb ein Ansporn sein, uns der Not unseres Nächsten nicht zu verschließen. Bei der Bochumer Telefonseelsorge sind über 70 Frauen und Männer in diesem ehrenamtlichen Dienst des Zuhörens engagiert. Sie sehen die Anrufenden nicht und können nichts anderes für sie tun als hören und zuhören. Ihr Dienst ist das Hören, das Wahrnehmen und Annehmen des „Unerhörten": den Schmerz einer Frau, deren Mann sich von ihr getrennt hat; die Scham eines Mannes, der von Hartz IV leben muss; die Angst des Mädchens, das von Mitschülern gehänselt wird; die Verzweiflung des Mannes, der nicht mehr leben will. Wir versuchen am Telefon das zu tun, was sich der leidende Hiob von seinen Freunden erhofft: „Hört doch meiner Rede zu und lasst mir das eure Tröstung sein!" (Hiob 21,2).

Kommen wir zu unserer Geschichte zurück. Jesus hört den Blinden und bleibt stehen. Er lässt den Mann zu sich kommen, er setzt sich diesem Fremden aus. So führt das Hören zum **SPRECHEN.** Es findet hier kein langes Gespräch statt, kein Fragen nach Hintergründen, keine Analyse der sozialen Verhältnisse, keine Beschwörung vom Sinn des Leidens. Das wird in anderen Zusammenhängen und Begegnungen auch wichtig sein. Aber hier geht es nur um diese Frage: „Was willst du, das ich für dich tun soll?"
Jesus ermutigt den Mann, sein Anliegen *selber* zur Sprache zu bringen. Er traut ihm zu, dass er sagt, was er von Jesus will, dass er in Worte fasst, was er glaubt und hofft. Jesus traut ihm diese Mündigkeit zu.
Wir versuchen in der Seelsorge, dies auch bei unseren Gesprächen zu beherzigen: den anderen zu fragen, was er wirklich sucht und will. Denn das muss nicht immer das sein, was wir aus unserer begrenzten Sicht meinen und denken. Wenn man schnell zu wissen glaubt, was ein anderer wirklich braucht, macht man ihn auf gewisse Weise auch mundtot. Oft will jemand nur einmal sein Herz ausschütten, sich etwas von der Seele reden, aber nicht mit gut gemeinten Ratschlägen versorgt oder mit voreiligen Lösungen abgefertigt werden. Viele kommen im Gespräch fast wie von selber auf die besten Ideen, wenn sie nur jemanden haben, der aufrichtig und aktiv zuhört. Auch auf diese einfache Weise entsteht Zuversicht und Kraft, und man erfährt darin Gottes Seelsorge.

Nun geschieht etwas Wunderbares. Der Mann kann **SEHEN!** Wir erfahren nicht, wie diese Heilung geschieht. Jesus macht nichts Besonderes mit ihm. Er sagt hier nur: „Dein Glaube hat dir geholfen", also: dein Rufen nach Gott, dein Festhalten an deiner unverbrüchlichen Beziehung zu Gott – das schon lässt deine Verletzungen, deine Zerrissenheit heilen, führt dein Leben in einen neuen Zusammenhang und schenkt dir eine neue Sicht.

Ich stelle mir vor, wie der Mann seine Augen aufreißt. Kees de Kort hat dies in einem Bilderbuch zu unserer Geschichte so ausdrucksstark gemalt. Er sieht den Platz, wo er Tag um Tag gesessen hat, die Häuser, die Sonne, die Bäume, die Tiere, den Himmel. Was für ein Licht, was für eine Fülle an Eindrücken! Und er sieht die Menschen, die er bisher nur hören, nur an ihrer Stimme erkennen konnte, in ihrer ganzen Gestalt und mit ihrem wahren Gesicht. Das muss nicht unbedingt nur erfreulich sein! Aber er sieht nun alles deutlich, klar, unverstellt. Und was er deutlicher sieht, lernt er besser verstehen. Und was er besser verstehen lernt, wird er umso eher lieben können.

Ja, das wünsche ich mir auch: dass bei unserem Hören und Sprechen so etwas geschieht, dass einer wirklich von Grund auf heil wird! Aber ich weiß, in unserem Dienst werden wir solch eine spontane Heilung in der Regel nicht erleben. Und doch geschieht auch in Seelsorge und Beratung, in mitmenschlicher Begegnung manchmal etwas Ähnliches: ein Mensch beginnt auf eine ganz neue Weise sich selbst und andere zu sehen, bekommt eine neue Sichtweise, sieht sein Schicksal in einem neuen Licht, entdeckt neue Perspektiven für seinen Alltag.

Er entdeckt vielleicht, was sein Leben lebenswert macht. Oder er erkennt, was den Menschen, an dem er zu tragen hat, auch liebenswert macht. Eine Frau zum Beispiel leidet seit langem unter einem extrem negativen Selbstbild. Sie sieht sich immer als schlecht, schuldig und in jeder Hinsicht als wertlos. Dies hat sich auch auf ihre körperliche Gesundheit negativ ausgewirkt. Nach vielen Gesprächen und Begegnungen lernt sie, sich anders zu sehen. Sie macht sich nun auch ihre Fähigkeiten bewusst. Sie freut sich – wenigstens ab und zu – an ihrem Leben und an Beziehungen, die ihr gut tun. Sie lernt sich als liebenswerte Frau im Licht der Freundlichkeit Gottes sehen. Ist das nicht auch ein Wunder? Nicht immer bekommen wir etwas von solchen "Früchten" unseres Hörens und Sprechens mit. Manches kommt von uns ganz unbemerkt zur Wirkung.

Am Schluss unserer Geschichte heißt es: „Alles Volk, das es sah, lobte Gott." Aus dem „Kyrie" des Einen ist ein „Gloria" der Vielen geworden. Die Veränderung eines Menschen hat positive Auswirkungen auf die Gemeinschaft. Alle beginnen, sich selber und einander neu zu sehen als von Gott in Jesus geliebte und in die Nachfolge gerufene Menschen. Und in ihrem Lobpreis ist alle Klage nicht weggewischt oder schön geredet, aber aufgehoben und gewandelt.

Auch diese Stunde heute Nachmittag ist von Lobpreis und Freude erfüllt. Dies steht am Anfang und am Ende unserer Feier. Wir freuen uns über das vielfältige ökumenische Miteinander in unserer Stadt. Wir freuen uns, dass es die Telefonseelsorge in Bochum gibt. Wenn es sie nicht gäbe, was würde fehlen – eine Einrichtung, die vielen Menschen Wichtiges und Kostbares anbietet: Zeit zum Hören und Sprechen – niedrigschwellig, kostenlos, vertraulich, rund um die Uhr – und das aus einem freiwilligen, bürgerschaftlichen Engagement – im Auftrag dessen, der auch uns und alles Unerhörte in seinem Erbarmen trägt. Amen.

Der andere Advent – Lukas 3,1-14[5]

Liebe Gemeinde!
Der dritte Adventssonntag ist Johannes dem Täufer gewidmet. Er ist im Neuen Testament der Vorläufer und Wegbereiter Jesu, ein Asket, der in der Wüste lebt, sich von Heuschrecken und wildem Honig ernährt und sich in ein Gewand aus Kamelhaaren kleidet. Johannes verkörpert eine radikale Spiritualität und erregt damit großes Aufsehen. Wegen seiner unverblümten Kritik am Königshaus wird er später verhaftet und hingerichtet werden. Er predigt, tauft und sammelt eine Gemeinde um sich, die in der Erwartung des unmittelbaren Anbrechens der Gottesherrschaft lebt.
In dem Abschnitt aus dem Lukasevangelium, den wir gleich hören, spüren wir die prophetische Kraft der Botschaft des Täufers, die faszinierend, aber auch irritierend und erschreckend ist. Hier spielt sich „ein anderer Advent" ab, als wir ihn üblicherweise in diesen Wochen begehen und in unseren Traditionen pflegen. Hören Sie selbst:

„Im fünfzehnten Jahr der Herrschaft des Kaisers Tiberius, als Pontius Pilatus Statthalter in Judäa war und Herodes Landesfürst von Galiläa und sein Bruder Philippus Landesfürst von Ituräa und der Landschaft Trachonitis und Lysanias Landesfürst von Abilene, als Hannas und Kaiphas Hohepriester waren, da geschah das Wort Gottes zu Johannes, dem Sohn des Zacharias, in der Wüste.
Und er kam in die ganze Gegend um den Jordan und predigte die Taufe der Buße zur Vergebung der Sünden, wie geschrieben steht im Buch der Reden des Propheten Jesaja (Jesaja 40,3-5): „Es ist eine Stimme eines Predigers in der Wüste: Bereitet den Weg des Herrn und macht seine Steige eben! Alle Täler sollen erhöht werden, und alle Berge und Hügel sollen erniedrigt werden; und was krumm ist, soll gerade werden, und was uneben ist, soll ebener Weg werden. Und alle Menschen werden den Heiland Gottes sehen."

---
[5] gehalten am 12.12.2010 in der Apostelkirche Bochum-Querenburg

Da sprach Johannes zu der Menge, die hinausging, um sich von ihm taufen zu lassen: Ihr Schlangenbrut, wer hat denn euch gewiss gemacht, dass ihr dem künftigen Zorn entrinnen werdet? Seht zu, bringt rechtschaffene Früchte der Buße; und nehmt euch nicht vor zu sagen: Wir haben Abraham zum Vater. Denn ich sage euch: Gott kann dem Abraham aus diesen Steinen Kinder erwecken.
Es ist schon die Axt den Bäumen an die Wurzel gelegt; jeder Baum, der nicht gute Frucht bringt, wird abgehauen und ins Feuer geworfen.
Und die Menge fragte ihn und sprach: Was sollen wir denn tun?
Er antwortete und sprach zu ihnen: Wer zwei Hemden hat, der gebe dem, der keines hat; und wer zu essen hat, tue ebenso.
Es kamen auch die Zöllner, um sich taufen zu lassen, und sprachen zu ihm: Meister, was sollen denn wir tun? Er sprach zu ihnen: Fordert nicht mehr, als euch vorgeschrieben ist! Da fragten ihn auch die Soldaten und sprachen: Was sollen denn wir tun? Und er sprach zu ihnen: Tut niemandem Gewalt oder Unrecht und lasst euch genügen an eurem Sold!"

Johannes macht es weder seinen Zeitgenossen, noch sich, noch uns leicht. Seine Gerichts- und Bußpredigt klingt fremd und vielleicht auch abstoßend für uns in unserer „normalen" Kirchlichkeit: Ich meine es doch auch ernst mit dem Glauben; ich bemühe mich doch auch um ein einigermaßen gerechtes und aufrichtiges Leben. Soll ich mich da etwa als „Otterngezücht" oder „Schlangenbrut" titulieren lassen? Doch lassen wir unseren Protest und den Widerstand einmal beiseite, und wenden wir uns der Predigt des Johannes möglichst unvoreingenommen zu. Mag sein, dass uns dieser „andere Advent" am Ende auch berührt und bewegt.
Dreierlei höre ich aus den Worten unseres Predigttextes:
Wer Gott erwartet, für den wird Unmögliches möglich.
Wer Gott erwartet, der wird heilsam erschüttert.
Wer Gott erwartet, der öffnet sich dem Nächsten.

Wer Gott erwartet, für den wird Unmögliches möglich.
„Bereitet den Weg des Herrn und macht seine Steige eben! Alle Täler sollen erhöht werden, und alle Berge und Hügel sollen erniedrigt werden; und

was krumm ist, soll gerade werden, und was uneben ist, soll ebener Weg werden. Und alle Menschen werden den Heiland Gottes sehen."
Johannes zitiert Worte des Propheten Jesaja, kräftige Bildworte einer großen Hoffnung. Wie hören wir diese Bildworte heute, im 21. Jahrhundert?
Klimagipfel in Cancún: viele Steine, Felsbrocken, ja Berge lagen und liegen verbindlichen und weiterführenden Ergebnissen im Weg – trotz der jetzt gerade getroffenen Verabredungen.
Israel und Palästina: Tiefe Gräben klaffen zwischen beiden Völkern, die doch nichts sehnlicher wünschen als ein friedliches Auskommen miteinander!
Kinder in unserem Land: Erschreckend viele Kinder leben in armen Verhältnissen, erleiden in ihren Familien seelische und körperliche Gewalt und sind weit entfernt von einer glücklichen Kindheit.
Selbstmord und Suizidgefährdung: viele junge und zunehmend alte Menschen verzweifeln, sind ohne Hoffnung, finden keine Auswege aus dem Labyrinth ihrer Ängste. In Deutschland sterben in jedem Jahr nahezu zehntausend Menschen durch Suizid.

Und nun hören wir: Wer Gott erwartet, für den wird Unmögliches möglich: Täler sollen zugeschüttet werden – Gräben des Hasses verschwinden; Berge werden abgetragen – was sich auftürmt an Sorgen und Problemen, schmilzt dahin; krumme Wege werden gerade – Ehrlichkeit setzt sich durch.
Wie um Gottes willen soll das gehen? Bei Jesaja werden unsichtbare, himmlische Mächte dazu beauftragt. Nicht die Menschen, sondern Engel, himmlische Heerscharen erhalten den Befehl und bekommen die Macht, Unmögliches möglich zu machen. So will dieses Evangelium die Glut der Sehnsucht in uns anfachen. Denn Gott ist mächtig. Er kann im Stillen und Geheimen Wege zu unserem Heil bahnen, auf unseren krummen Linien gerade schreiben, aus Bösem Gutes entstehen lassen.
So ist es durch Jesu Kommen bestätigt und besiegelt.
Für mich ist allein schon diese Vorstellung, dass wir in unserer zwielichtigen Welt immer neu einen Vorschein von Gottes Licht erwarten können,

tröstlich und ermutigend. Das weckt in mir Freude und Zuversicht und stellt manches, was ich schwer und ungereimt finde, in ein anderes Licht.

Nun aber müssen wir auch das Zweite hören: **Wer Gott erwartet, wird heilsam erschüttert.**
Der Weg zum Heil Gottes führt offensichtlich durch eine Krise hindurch. „Ihr Schlangenbrut, wer hat denn euch gewiss gemacht, dass ihr dem künftigen Zorn entrinnen werdet?" Das hört sich nun gar nicht freundlich an. In mir sträubt sich vieles gegen eine solche Anrede. Wozu diese „Drohbotschaft"! Ich kenne Leute, die sind durch solche Predigten und religiösen Vorstellungen seelisch in große Not geraten oder gar davon krank geworden.
Und ich kenne viele andere Leute, Frauen und Männer, die sind schon längst durch ein „Gericht" gegangen. Sie sind durch schwere Lebenskrisen, durch den Krieg oder durch traumatische Erlebnisse seelisch verwundet und müssen mühsam lernen, wieder Vertrauen aufzubauen. Sie brauchen doch keine solche Drohbotschaft mehr!
Aber vielleicht geht es Johannes um etwas anderes. Er will die Leute nicht persönlich angreifen und schlecht machen. Es geht ihm wohl eher darum, dass sie ihr Leben mit großem Ernst und in tiefer Demut als ein Leben in der Verantwortung vor Gott sehen. Und da zerbricht alle falsche Selbstherrlichkeit.
Dann wird die Zwielichtigkeit offenbar, in der wir leben: Ich bin nicht nur Opfer. Ich bin zwar in mancher Hinsicht Opfer und manchmal auf ganz schlimme und tragische Weise. Aber ich bin auch Täter. Alle sind wir verstrickt in Zusammenhänge von Unrecht und Leid und Schuld – ob wir das wollen oder nicht. Wir leben in dieser Welt, in der es Licht und Dunkel, Liebe und Hass, Gelingen und Scheitern gibt, alles ineinander verwoben. Wenn wir uns so vor Gott sehen, dann kann uns das wohl erschüttern.
Denn wir werden nicht aus uns selber heraus „selig". Unser Tun, unsere Erfolge und Leistungen, unsere Selbstheilungskräfte – sie mögen durchaus bemerkenswert sein – können uns und unsere Welt nicht heil machen. Im Tiefsten sind und bleiben wir Menschen, die nur durch göttliche Liebe heil werden können. Für die eine oder den anderen mag dies eine demütigende

Wahrheit sein. Ich erkenne meine eigene Zwielichtigkeit, meine Grenzen, mein Angewiesensein auf Liebe, die ich mir nicht verdienen kann.

Für andere ist die Erwartung eines göttlichen Gerichtes tröstlich und befreiend. Gott schafft den Gebeutelten und Geschlagenen ihr Recht. Gott richtet, indem er die Gekrümmten aufrichtet. Ihr Verletzten, Misshandelten, Beschmutzten erhaltet eure Würde zurück, eure Tränen werden trocknen, euer verlorenes Vertrauen wird wiederkehren. So ist die Erwartung des Kommens Gottes mit einer heilsamen Erschütterung verbunden. Aus ihr kann Hoffnung keimen, zusammen mit einer Bereitschaft zur Umkehr und zum Umdenken.

Damit sind wir beim Dritten: **Wer Gott erwartet, öffnet sich dem Nächsten.** „Wer zwei Hemden hat, der gebe dem, der keines hat; und wer zu essen hat, tue ebenso." So pragmatisch einfach ist das: kein Weltverbesserungsprogramm, sondern Weltveränderung durch Verantwortung im Kleinen – ein „Klimawandel" der besonderen Art.

Manchmal aber hat gerade das Naheliegende seine Tücken: Was geschieht mit dem Geld, das ich in die Kollekte gebe? Soll ich dem Bettler in der Fußgängerzone etwas geben, auch wenn ich nicht sicher bin, ob er es anschließend vertrinkt? Kann ich meinem Nachbarn respektvoll begegnen, auch wenn unser Zusammenleben schwierig ist? Halte ich zu meinem Freund oder zu meiner Kollegin, wenn andere sie mobben?

Der konkrete Alltag macht Umkehr zu einer echten Herausforderung! Und doch nehme ich an vielen Stellen wahr, wie Menschen sich dieser Herausforderung stellen. Ein Freund im Münsterland macht in seiner Gemeinde erstmalig eine Advents-Aktion, die darin besteht, dass Gemeindeglieder Weihnachtswünsche von Kindern aus armen Familien erfüllen. Das Ganze ist so organisiert, dass niemand bloßgestellt wird. Vor drei Wochen sagte mein Freund: „Ich glaube, das wird nichts. Es haben sich kaum Leute gemeldet, die mitmachen wollen." Vorgestern sagte er mir am Telefon: „Die Sache hat sich gewaltig entwickelt: Über 50 Kindern aus unserer Gemeinde werden beschenkt." Wenn Johannes der Täufer das sehen könnte! Amen.

herab, herab
zu „O Heiland, reiß die Himmel auf"

wenn es das gäbe
den riss im himmel
den spaltbreit güte auf erden
einen sprung in betonierten urteilen

wenn es das gäbe
fruchtbaren boden
für nachsicht und güte
und gute saat, die aufgeht zur rechten zeit

wenn es das gäbe
einen, der vom hohen ross steigt
zwei, die ihre türen öffnen
drei, die im jammertal lieder singen

In allem versucht wie wir – Matthäus 4,1-11[6]

Liebe Gemeinde!
In unserem Wochenlied geht es hoch her: von Gott und dem Teufel, ja von einer Welt voller Teufel singt Martin Luther. Und er besingt überschwänglich den Sieg des göttlichen Wortes über die verführerische Macht Satans:
„Ein´ feste Burg ist unser Gott, ein gute Wehr und Waffen.
Er hilft uns frei aus aller Not, die uns jetzt hat betroffen.
Der alt böse Feind mit Ernst er´s jetzt meint,
groß Macht und viel List sein grausam Rüstung ist,
auf Erd´ ist nichts seinsgleichen.
Und wenn die Welt voll Teufel wär und wollt uns gar verschlingen,
so fürchten wir uns nicht so sehr, es soll uns doch gelingen.
Der Fürst dieser Welt, wie sau´r er sich stellt,
tut er uns doch nichts; das macht, er ist gericht´:
ein Wörtlein kann ihn fällen" (1529, Ev. Gesangbuch 362).

Damit sind wir unmittelbar beim Evangelium für den heutigen ersten Sonntag in der Passionszeit. Es erzählt von der Versuchung Jesu. Versuchungen begleiten uns überall im Alltag, große und kleine. Von der „zartesten Versuchung, die es je gab" (erinnern Sie sich? Hier geht es um Schokolade) über die Frage: Soll ich in der Schule oder im Examen abschreiben? Bis hin zur Frage: Dürfen wir alles machen, was machbar ist? Dürfen wir Technologien entwickeln und einsetzen, deren Risiken unbeherrschbar sind?
Bei der Versuchung, die Jesus erlebt, geht es sogar um noch mehr, nämlich: Wem vertrauen wir am meisten in dieser Welt? Wem gehört unser Leben? Hören Sie die Geschichte von der Versuchung Jesu aus dem Matthäusevangelium im vierten Kapitel:
„Da wurde Jesus vom Geist in die Wüste geführt, damit er von dem Teufel versucht würde. Und da er vierzig Tage und vierzig Nächte gefastet hatte, hungerte ihn. Und der Versucher trat zu ihm und sprach: Bist du Gottes

---
[6] gehalten am 13.03.2011 im Hustadtzentrum der Evangelischen Kirchengemeinde Bochum-Querenburg

Sohn, so sprich, dass diese Steine Brot werden. Er aber antwortete und sprach: Es steht geschrieben (5.Mose 8,3): »**Der Mensch lebt nicht vom Brot allein, sondern von einem jeden Wort, das aus dem Mund Gottes geht.**«

Da führte ihn der Teufel mit sich in die heilige Stadt und stellte ihn auf die Zinne des Tempels und sprach zu ihm: Bist du Gottes Sohn, so wirf dich hinab; denn es steht geschrieben (Psalm 91,11-12): »Er wird seinen Engeln deinetwegen Befehl geben; und sie werden dich auf den Händen tragen, damit du deinen Fuß nicht an einen Stein stößt.«

Da sprach Jesus zu ihm: Wiederum steht auch geschrieben (5.Mose 6,16): »**Du sollst den Herrn, deinen Gott, nicht versuchen.**«

Darauf führte ihn der Teufel mit sich auf einen sehr hohen Berg und zeigte ihm alle Reiche der Welt und ihre Herrlichkeit und sprach zu ihm: Das alles will ich dir geben, wenn du niederfällst und mich anbetest. Da sprach Jesus zu ihm: Weg mit dir, Satan! Denn es steht geschrieben (5.Mose 6,13): »**Du sollst anbeten den Herrn, deinen Gott, und ihm allein dienen.**« Da verließ ihn der Teufel. Und siehe, da traten Engel zu ihm und dienten ihm".

Jesus wird nach seiner Taufe am Jordan vom Geist Gottes in die Wüste geführt. Jetzt beginnt für ihn ein 40-tägiges Fasten. Fastenzeiten gibt es ja bis in unsere Zeit. Die meisten Muslime zum Beispiel fasten im Ramadan. Und auch viele Christen begehen die gerade begonnene Passionszeit als eine Fastenzeit, in der sie bewusst auf etwas verzichten: bestimmte Speisen oder ein bestimmtes Konsumverhalten oder bestimmte Gewohnheiten. Das kann helfen, sich über das eigene Leben bewusster zu werden und einen neuen Umgang mit sich selbst und den Dingen einzuüben.

Jesus praktiziert ein Vollfasten, d.h. er isst Tag und Nacht nichts. Ich stelle mir das sehr schwer vor. Es zehrt mächtig am Körper. Aber es schärft den Geist und macht ihn besonders sensibel für die wichtigen Fragen, die ich eben genannt habe: Was ist mein Lebensauftrag? Was ist der Sinn meines Lebens? Worauf vertraue ich am meisten? Was bedeutet es für mich, Kind Gottes zu sein?

Liebe Gemeinde, ich glaube, dass es auch für uns wichtig sein kann, wenn wir ab und zu einmal solch eine Revision unseres Lebens vornehmen.

Am Ende dieser langen Fastenwochen Jesu tritt der Versucher auf. Er ist keine Gestalt mit Hörnern und Pferdefuß und Schwefelgestank – die gehört ins Reich der Phantasie, in den Film oder auf die Theaterbühne. Der Versucher ist der „Diabolos", der „Durcheinanderwerfer", eine innere oder äußere Macht, die Gedanken verwirrt und uns mit uns selber entzweit. Er ist die Kraft, die – wie es bei Goethe im ´Faust´ heißt – „stets das Gute will und stets das Böse schafft". Er ist ein „Lügner" (Teufel = „tophel" = Lügner), einer, der uns vormacht, was wir alles gewinnen könnten, und uns am Ende das Gegenteil davon einbrockt.
Was bietet er Jesus an? Bist du Gottes Sohn, dann kannst du diese Steine zu Brot machen. Du wirst selber satt, und alle werden dich zum König haben wollen.
Bist du Gottes Sohn, dann spring´ von der Zinne des Tempels. Gott wird dich auffangen, und alle werden dich verehren.
Und schließlich: Falle vor mir nieder, bete mich an, und alle Reiche dieser Welt gehören dir.

Klug kommt der Teufel daher. Er kennt sich gut in der Bibel aus und kann sie passend zitieren. Er macht sogar gute, plausibel Vorschläge. Denn er spricht aus, was ich mir selber manchmal denke und wünsche: dass die Hungrigen satt, dass die Reichtümer der Erde gerecht verteilt werden; dass diejenigen, die in ihrem Leben abstürzen, aufgefangen und getragen werden; und dass Jesu Liebe endlich die Oberhand gewinnt in der Welt. Dann würde Diktatoren und Menschenverächtern Einhalt geboten, sie würden von ihren Thronen stürzen, und die Menschen könnten in Frieden und Freiheit leben.

Der Versucher hat wahrhaftig kluge Vorschläge auf Lager. Und doch hat die Sache mehrere Haken: Was wäre gewonnen, wenn Jesus als „Brotkönig" aufträte? Die Leute würden bald auch jedem anderen folgen, der ihnen mehr und Besseres verspräche. Was wäre gewonnen, wenn Jesus bei einem wagemutigen Sprung von der Tempelzinne durch ein Wunder gerettet würde? Die Leute wären eine Zeitlang begeistert. Aber Begeisterung und Sensationslust verflüchtigen sich in aller Regel schnell. Sensationelle Begeisterung hat ein kurzes Haltbarkeitsdatum. Menschenherzen kann man mit spektakulären Wundern nicht wirklich gewinnen! Der größte Haken der Versuchung aber besteht darin, dass Jesus vor dem Teufel niederfallen und ihn anbeten soll. Seine Macht wäre dann ganz und gar von Teufels Gnaden. Der Teufel hätte sich selbst zum Herrn der Welt gekrönt.

Jesus steht vor der entscheidenden Frage: Wem will ich dienen? Wessen Weg will ich gehen: den Weg der Unterwerfung unter gott- und lebensfeindliche Mächte oder den Weg der vertrauensvollen und gleichzeitig nicht ungefährlichen Hingabe an die Liebe? Und Jesus entscheidet sich in allen drei Versuchungen für seine Hingabe an Gott. Das hat weitreichende Konsequenzen, die Paulus so zusammenfasst: „Er erniedrigte sich selbst und ward gehorsam bis zum Tode, ja zum Tode am Kreuz. Darum hat ihn auch Gott erhöht und hat ihm den Namen gegeben, der über alle Namen ist" (Philipper 2, 8-9).
Darum treten schon hier die Engel zu ihm und dienen ihm.

Liebe Gemeinde! Zum Schluss die Frage: Was können wir aus diesem Evangelium für uns mitnehmen? Dazu von mir drei kurze Antworten.

Erstens: **Gegen große und kleine Versuchungen ist keiner gefeit.** Der Versucher tritt immer wieder in das Leben, auch der Christen. Er kennt unsere geheimen oder offenkundigen Wünsche und Sehnsüchte nach Macht, Erfolg, Ruhm und Herrlichkeit. Er tritt in unser Denken und Forschen und Planen und verführt uns, Geister zu rufen, die wir nicht mehr los werden, und unser Vertrauen auf Kräfte zu setzen, die Heil verheißen, aber unendlich viel Leid bringen. Gegen solche Versuchungen ist leider keiner gefeit.

Zweitens: Wenn das nun so ist, haben wir **ein Angebot und eine große Chance.** In unserer heutigen Epistel heißt es: „Darum lasst uns hinzutreten mit Zuversicht zu dem Thron der Gnade, damit wir Barmherzigkeit empfangen und Gnade finden zu der Zeit, wenn wir Hilfe nötig haben" (Hebräer 4,16). Einer Versuchung zu erliegen, ist keine Schande. Aber daraus nichts zu lernen und nicht umzukehren, das wäre fatal.

Drittens: **Wir können uns orientieren an der geistlichen Lebenshaltung Jesu**: immer wieder fragen und danach suchen, was Gottes Willen entspricht; dass wir ihm zutrauen, dass er „aus allem, auch aus dem Bösesten, Gutes entstehen lassen kann und will"[7];dass wir dem Schöpfer des Lebens allein die Ehre geben und ihn unsern Gott sein lassen. So können wir die werden, die wir sind, mit unseren Stärken und Begabungen, mit unserer Begrenztheit und in der Brüchigkeit unseres Lebens. Auf den Punkt gebracht: „Wir sollen Menschen und nicht Gott sein."[8] Amen.

---

[7] das bekennt Dietrich Bonhoeffer in seinem Glaubensbekenntnis, abgedruckt im Ev. Gesangbuch Nr. 813
[8] Dieses Wort Martin Luthers findet sich an verschiedenen Stellen, z.B. in einem Brief an Georg Spalatin vom 30.06.1530

Leben in der Perspektive des Reiches Gottes – Lukas 16,1-9[9]

Liebe Gemeinde!
Das ist ja nun eine merkwürdige Geschichte. Der Geschäftsführer eines Großbetriebes wird angeklagt, das Gut seines Eigentümers verschleudert zu haben. Dieser hört davon, bestellt den Geschäftsführer zu sich und fordert ihn auf, die Abrechnung vorzulegen. Im selben Atemzug aber stellt er ihm, ohne die Vorwürfe überprüft zu haben, die Kündigung in Aussicht. Der Geschäftsführer überlegt, wie er seine Haut retten oder sich gar einen geruhsamen Lebensabend machen kann: körperliche Arbeit liegt ihm nicht, betteln mag er nicht – also entschließt er sich zu weiteren Betrügereien: er erlässt einigen Schuldnern beachtliche Teile ihrer Schulden in der Hoffnung, dass sie später einmal freundlich zu ihm sind und ihn bei sich aufnehmen.

Diese Geschichte hören wir heute am Volkstrauertag.
Gewiss, die Geschichte könnte uns Anlass geben, darüber zu trauern und zu klagen, dass es in der Welt häufig genau so zugeht: Veruntreuung und Verschleuderung von anvertrauten Gütern, Gaunereien, Vertrauensbrüche, Komplizenschaften – im kleinen wie im großen Stil. Unrecht aber gebiert fortwährend neues Unrecht, und so kommt es, wie es kommen muss: Kriege werden geführt und Gewalttaten begangen zur Vermehrung von Geld und Gut, Macht und Wohlstand. Die entsetzlichen Folgen kennen wir, und der Volkstrauertag ruft uns in besonderer Weise auf, der ungezählten Opfer zu gedenken.

Aber etwas bleibt doch irritierend an unserer Geschichte: Jesus lobt den Verwalter trotz seiner Unredlichkeit. Was soll das nun heißen? Ein Irrtum, eine Provokation? Da muss etwas an diesem Gauner sein, das Jesus gefällt! Jesus lobt ihn, so hören wir, weil er klug gehandelt hat. Er hat seine Situation geistesgegenwärtig erfasst. Ihm war sofort klar, dass er sich nicht

---
[9] gehalten am 13.11.2011 (Volkstrauertag) in der Apostelkirche Bochum-Querenburg

rausreden kann. Er hat sich blitzschnell auf die Lage eingestellt, war kreativ und hatte einen guten Einfall zur rechten Zeit.

Jesus hat möglicherweise eine reale Begebenheit aufgegriffen. Und er erzählt sie, um zu verdeutlichen, worauf es in unserer Beziehung zu Gott ankommt.
In der Verkündigung Jesu geht es von Anfang an ums Reich Gottes. Und er ist davon überzeugt, dass dieses Reich nicht nur eine kühne Hoffnung oder ein verzweifelte Illusion derer ist, die auf dieser Welt nichts zu erwarten haben, sondern dass das Reich Gottes jetzt schon gegenwärtig und wirksam ist. Gott in der Fülle seiner Liebe, in seiner schöpferischen Kraft ist hier und jetzt gegenwärtig und wirksam, oftmals gegen allen Augenschein. „Denn siehe, das Reich Gottes ist mitten unter euch" (Lukas 17, 21).

Lukas nimmt diesen Gedanken bewusst in sein Evangelium auf zu einer Zeit, in der diese Gewissheit erlahmt, ja bei vielen geradezu erloschen war. Hatte es doch vor nicht langer Zeit einen schlimmen Krieg gegeben. In den sieben Jahren, von 66-73 nach Christus, waren Tausende niedergemetzelt und gekreuzigt worden, aus dem Land geflüchtet. Und Jerusalem und der Tempel lagen in Schutt und Asche. Als die römischen Soldaten den Tempel in Brand setzen, befanden sich über 6000 Frauen und Kinder in den Vorhallen, und der Tempel war über ihnen eingestürzt und hatte alle unter sich begraben!
Dies war und ist bis heute als Trauma in die Köpfe und Seelen unserer jüdischen Geschwister eingebrannt.

Und nun stellen Sie sich dies vor: Lukas hält an der Vision Jesu fest: „Das Reich Gottes ist mitten unter euch." Er sagt: Stellt euch darauf ein. Haltet diesen Glauben in euren verletzten Herzen und Seelen lebendig. Lebt in dieser Hoffnung. Dann seid ihr nicht nur getröstete, sondern auch lebenskluge Menschen.

Was Lebensklugheit ausmacht? Nehmt euch vielleicht einmal die Klugheit des ungerechten Verwalters als Beispiel, nicht seine Gaunerei, seine Kriminalität wohlgemerkt, aber seine Klugheit.
Wie könnte das denn aussehen?
Ich denke so: dass wir unsere **Verantwortung** vor Gott erkennen und dazu stehen; und dass wir uns in **Freigebigkeit** üben.

Einige Gedanken dazu:
Unsere Verantwortung vor Gott erkennen und dazu stehen: Der untreue Verwalter weiß: er muss vor seinem Herrn Rechenschaft ablegen. Da geht kein Weg dran vorbei.
Und so – meint Lukas – sind und bleiben auch wir verantwortlich und Rechenschaft schuldig für die uns anvertrauten Güter, für das uns geschenkte Leben. Manche wollen davon nichts wissen, jedenfalls nichts von einer Verantwortlichkeit gegenüber einem nicht fassbaren Gott. Sie sagen: Gott ist ein Hirngespinst, eine Konstruktion des Geistes, nichts weiter. Aber wohin führt solch ein Denken? Macht sich der Mensch dann nicht unweigerlich selbst zum Maßstab aller Dinge, zum Herrn der Welt? Wohin das geführt hat und führt, das muss ich heute am Volkstrauertag nicht weiter entfalten.

Ich glaube, dass wir verantwortlich sind vor einem, der größer ist als wir. Unser Leben und unsere Güter sind uns von ihm anvertraut. Und deshalb sollen wir achtsam damit umgehen, nichts verschleudern und verkommen lassen. Und das heißt für mich auch: dass wir uns nicht selber an Leib und Seele ausbeuten und fertig machen. Viele zerbrechen ja genau daran. Dass sie sich selber fertig machen! Das Evangelium aber sagt: Dein Leben ist ein dir anvertrautes Gut. Mach dir das bewusst. Das wird dir helfen, der elenden Tyrannei des „Immer mehr" und „Immer besser" zu widerstehen.

Und da unser Leben Gott gehört, kommt es letztlich auch gar nicht so sehr darauf an, wie andere über dich denken und urteilen. Gott allein hat das erste und das letzte Wort über dich und dein Leben. Das ist mit dem Wort gemeint, dass er unser Richter ist. Manchem macht diese Vorstellung

Angst. Für mich ist sie aber in erster Linie tröstlich und befreiend: Mein Leben gehört Gott. Ich gehöre zum Machtbereich der Liebe, die in Jesus offenbar geworden ist. Deshalb will ich hellwach sein, achtsam sein, mich nicht einschläfern lassen und mich nicht selbst kaputt machen, sondern mich demütig und fröhlich unter den Blick Gottes stellen.

Und so, meinen Jesus und Lukas, könnten wir uns dann immer neu in Freigebigkeit üben, indem wir uns Freunde mit dem ungerechten Mammon machen. Der Verwalter in unserem heutigen Evangelium lebt das sehr egoistisch und gerissen aus. Er spekuliert darauf, die anderen zu bestechen und zu Komplizen zu machen. Das lobt Jesus nicht.
Aber ich höre die Frage Jesu: Wollt ihr nicht überlegen, wofür ihr die euch anvertrauten Güter einsetzt, wie ihr sie dankbar und gewissenhaft gebrauchen wollt?
Wenn wir uns in Freigebigkeit üben, so wie Jesus es vorschlägt, zum Beispiel beim Schuldenerlass für hoffnungslos verschuldete Länder, dann haben wir die Chance, auf andere Weise reich zu werden, nämlich durch Freundschaften, durch Gemeinschaft, durch das Glück der anderen, das uns selber froh macht.

„Macht euch Freunde" – das scheint mir auch ein gutes Motto für den Volkstrauertag zu sein: dass wir neben der wirklich not-wendigen (!) Trauer um die unzähligen Opfer von Kriegen und Gewalt mit unseren Gütern und Gaben Freunde zu gewinnen trachten – in der Nähe, in der Ferne, auch unter Fremden und vielleicht gar unter unsern Feinden. So könnte es also aussehen – meint Jesus, meint Lukas, meine auch ich: ein kluges Leben in der Perspektive des Reiches Gottes. Es ist schon mitten unter uns.
Amen.

Angst haben[10]
Ein Comic und drei Reaktionen

Der Comic[11]:
Da ist ein kleiner Stand mit der Überschrift: „Psychiatrische Hilfe 5 Cent" und einem Schild: „Der Doktor ist da."
Die **Ä**ngstliche steht mit abgewandtem Gesicht da und sagt: *„Ich habe Angst vor dem Kindergarten...."*
Die **B**eraterin stützt ihren Kopf auf beide Hände und hört zu.

Ä   schaut immer noch von B weg: *„Und ich weiß nicht, warum. Ich wollte es herausfinden, aber ich kann's nicht. Ich habe einfach Angst..."*
B   schaut Ä aufmerksam an, hört zu.
Ä   *„Ich muss ständig daran denken. Ich hab' wirklich Angst..."*
B   dreht sich um, denkt angestrengt nach, kratzt sich am Kinn, wendet sich dann zu A.:
    „Das geht uns allen so... Fünf Cent bitte."
Ä   dreht sich zu B um und schaut ihr verblüfft ins Gesicht

So weit dieses kleine „Verbatim". Und wie bei jeder Verbatimbesprechung jetzt die erste emotionale Reaktion auf das Gehörte.

Meine erste Reaktion: Ich muss unwillkürlich lachen.
Diese Antwort kommt so unerwartet, so ganz menschlich und aus dem Bauch heraus. Gut finde ich, dass die Beraterin ihrer „Klientin" die Angst nicht auszureden versucht, wie´s ja leider oft genug geschieht.
Andererseits: Kann man so in der Beratung, in der Seelsorge reden - mit einem Kind, das auf dem Nachhauseweg von der Schule immer verhauen wird; mit einem jungen Mann, der bei seiner Arbeit unter Versagensangst leidet; mit einer Frau, die vor ihrem gewalttätigen Mann flüchtet; mit ei-

---
[10] Andacht auf der Tagung der westfälischen und rheinischen Seelsorgefortbildner-/innen in Villigst am 05.10.2012 zu Johannes 16,33b
[11] WAZ 28.08.2009, Peanuts

nem alleinstehenden alten Herrn, dem es vor Hinfälligkeit und Pflegebedürftigkeit graust….?
„Das geht uns allen so… 5 Cent bitte."
Kann man so reden?

Meine zweite Reaktion: Ich denke nach.
Was würde ich sagen, wenn jemand zu mir kommt mit seiner kleinen oder großen Angst vor Unbekanntem, vor anderen Menschen, vor einer Prüfung, vor dem Sterben, vor dem Leben? Was sage ich? Was mache ich?
Wäre ich ein gesprächstherapeutisch geschulter Berater, würde ich mit Empathie reagieren, die „emotionalen Erlebnisinhalte meines Gegenübers verbalisieren" und nach den genaueren Inhalten der Angst fragen.
Als tiefenpsychologisch orientierter Seelsorger würde ich vielleicht nach einem Kindheitstrauma fragen, nach der Beziehung zu Mutter und Vater, nach frühen Bindungsstörungen. Und würde vielleicht über meine eigene Angstabwehr nachdenken.
Als systemischer Berater würde ich Anliegen und Auftrag klären, Ressourcen erkunden, Lösungen erarbeiten.
Wenn ich mir nun noch mal die Antwort im Comic durch den Kopf gehen lasse, erscheint sie mir auch gar nicht so daneben. Die Beraterin hört lange zu und denkt eine gewisse Zeit nach, bevor sie antwortet; und sie scheint solidarisch mitzufühlen: „Das geht uns allen so."
Bei dieser unerwarteten, fast ein wenig verstörenden Antwort wendet sich das ängstliche Kind der Beraterin zum ersten Mal zu und schaut sie an. Ein Kontakt entsteht. Und vielleicht wird daraus ein tröstendes Gespräch auf Augenhöhe, auf der Basis gegenseitiger Annahme.

Meine dritte Reaktion: Ich denke weiter.
Was ist eigentlich mit mir, mit meiner Angst, die mich manchmal packt, nachts, wenn ich wach liege, oder tagsüber irgendwann.
Ich kenne verschiedene Ängste in unterschiedlichen Situationen. Ich habe Strategien gelernt, damit umzugehen. Mich mit jemandem zu besprechen und zu beraten, ist eine davon. Mich an Situationen zu erinnern, die ich schon gemeistert habe, gibt mir Kraft. Und ich habe erfahren, dass es

manchmal nötig ist, mit der Portion Mut, die ich gerade habe, durch das „Tor der Angst" hindurchzugehen.
Vor allem hilft mir mein Glaube, mein Lauschen auf das stille Reden Gottes in dieser lauten Zeit.
Jesus sagt: „In der Welt habt ihr Angst, aber seid getrost, ich habe die Welt überwunden."
Angst gehört zum Leben; aber dazu gehört auch das „Aber" des Glaubens. Dieses „Aber" öffnet Türen und schließt neue Möglichkeiten auf. In der Welt haben wir Angst, aber in dieser Welt, so wie sie ist, mit ihrer Schönheit und ihrem Schrecken, ihrer Lust und ihrer Last, stehen wir unter dem Schutz dessen, dem allein alle Macht im Himmel und auf Erden gegeben ist.

Eine Frau, die unter massiven Ängsten leidet und mit der ich öfter telefoniere, sagt manchmal diesen Satz: „In der Welt habt ihr Angst, aber seid getrost..." – und wenn es ihr ganz schlecht geht, lässt sie ihn sich von mir zusprechen. Sie lebt von solchen Worten der Verheißung. Sie nährt ihren Lebenswillen und Lebensmut damit. Sie birgt sich mit ihrem Leben, auch mit ihrer zeitweisen Verzweiflung, in diese Zusage hinein.
Damit lässt sie einen „Dritten" ins „Spiel" ihres Lebens kommen, der sie geleitet und hoffentlich auch in Zukunft nicht in den Abgrund stürzen lässt. Mich beeindruckt diese Frau. Ich lerne von ihr die Kunst der „Triangulierung", die Kunst, diesen „Dritten" ins wundersame Spiel des Lebens kommen zu lassen. Amen.

Mir träumte

Mir träumte,
die Wände meiner Zelle
seien aus Papier
und die Fesseln an meinen Händen
und Füßen wären morsche Stricke.

Mir träumte,
am Himmel über mir
lösten sich Götter-Masken auf
wie leichte Nebel in der Sonne,
und da wäre Raum über, vor und hinter mir,
mit Klängen und mit Düften voll.

Und ich erwachte,
und es war kein Traum.

In der Seh-Schule Jesu – Johannes 12,20-24[12]

Liebe Gemeinde!
Im heutigen Evangelium kommen jüdische Festpilger aus Griechenland zu den Jüngern und sagen „Herr, wir wollten Jesus gerne sehen.".
Was ist ihr Interesse? Was erhoffen sie sich? Ist es pure Neugierde oder ein ernstes religiöses Anliegen? „Wir wollten Jesus gerne sehen." Wollen sie sich nur einmal einen optischen Eindruck verschaffen von dem Wanderprediger, der in Galiläa Aufsehen erregt? Haben sie eine konkrete Not oder eine Frage an Jesus oder erhoffen sie sich einen tieferen Einblick in den Glauben? „Wir wollten Jesus gerne sehen." Möchten sie vielleicht auch von ihm gesehen, angesehen werden?

Die jüdische Religion ist eine Religion des Wortes und nicht der Bilder. Sie bezieht sich hörend auf die Welt und das Geheimnis des Lebens. Und so hat es auch in der Folge in der christlichen Kirche immer wieder Auseinandersetzungen über die Bedeutung der Bilder für den Glauben gegeben. Schon im Johannesevangelium selbst beginnt dieser Streit, wenn der Evangelist den auferstandenen Jesus zum sogenannten ungläubigen Thomas sprechen lässt: „Selig sind, die nicht sehen und doch glauben" (Johannes 20,29). Ist nicht das Hören auf das Wort wichtiger als das zu sehende Bild? Allerdings: auch Worte sind ja keine abstrakten Lautmalereien und keine digitalen Informationen. Auch Worte erzeugen Bilder in uns. Und das gesprochene Wort ist letztlich nichts anderes als eine „Verlautbarung" von dem, was wir sehen oder gesehen haben.

Lassen wir´s dabei und bleiben wir beim Sehen. Sehen kann sehr unterschiedlich sein: es gibt ein beobachtendes, unbeteiligtes Sehen, und es gibt ein engagiertes, beteiligtes Sehen.
Da sitzen zwei vor dem Fernseher und schauen sich ein Fußballspiel an. Der eine sagt: „Was soll das eigentlich! Da laufen 20 erwachsene Männer hinter einem Ball her und wollen sich den gegenseitig abnehmen. Und tre-

---

[12] gehalten am 30.03.2014 im Lutherhaus der Evangelischen Kirchengemeinde Bochum-Stiepel

ten sich dabei die Knochen kaputt." Der andere sagt: „Mensch, es geht um die Meisterschaft, wir müssen unbedingt gewinnen!" Und er schaut gebannt auf die Mattscheibe und fiebert mit.

Auch das Sehen des Glaubens ist kein unbeteiligtes Zuschauen, sondern ein Sehen, das uns in eine Beziehung bringt und uns mit dem, den wir sehen, verbindet. Paul Gerhardt dichtet dies ganz wunderbar in seinem Weihnachtslied „Ich steh an deiner Krippe hier". Dort heißt es in der vierten Strophe: „Ich sehe dich mit Freuden an und kann mich nicht satt sehen, und weil ich nun nicht weiter kann, bleib ich anbetend stehen…" (Ev. Gesangbuch 37,4). Dies ist ein engagiertes, mitfühlendes, ergriffenes Sehen, ein beziehungsstiftendes Sehen. Dies kann auch ein inneres Sehen sein: „Die leiblichen Augen schließen, die Augen des Herzens öffnen und eintauchen in deine Gegenwart"[13].

Was bekommen denn nun die griechischen Festgäste zu sehen, als sie Jesus sehen wollen? Das Verblüffende ist: sie bekommen ihn nicht zu sehen! Sie bekommen stattdessen ein Wort gesagt, das ihnen ein Bild vor Augen stellt, ein Sinn-Bild: „Wenn das Weizenkorn nicht in die Erde fällt und erstirbt, bleibt es allein; wenn es aber erstirbt, bringt es viel Frucht" (Johannes 12,24). Ein Weizenkorn, klein und unscheinbar, wird in die Erde gelegt. Dort löst es sich im Dunkel auf. Es stirbt und vergeht – und bringt vielfältig Frucht.

Die fragenden Besucher bekommen anstelle der Gestalt von Jesus ein Sprach-Bild vor Augen gestellt: das Weizenkorn ist Sinn-Bild für Jesus und das, was sein Leben und Sterben ausmacht: ein Bild für seine Liebe, seine Hingabe, für das Wunder des Lebens, das aus dem Tod ersteht. Das Bild zeigt uns nicht seinen Körper, sondern das Wesen seiner Person.

Was immer wir sehen, es macht etwas mit uns, hinterlässt Spuren in unserem Gehirn. So sagen es uns die Hirnforscher. Es weckt Gefühle und Emp-

---

[13] Jörg Zink, Wie wir beten können, 1970, S.21

findungen, löst manchmal Handlungsimpulse aus. So geht es auch mit sprachlich vermittelten Sinn-Bildern.

Was löst dieses Bild vom Weizenkorn in Ihnen aus? Bei mir ist es so: Es weckt meine ganze Aufmerksamkeit. Es lässt mich staunen. Ich möchte es ganz sorgsam hüten. Und indem es auf meiner Hand liegt und ich auf es herunter schaue, lehrt es mich, zu ihm aufzuschauen, die Kraft zu ahnen, die in ihm steckt. Es macht mich auch etwas traurig, wenn ich mir vorstelle, wie es in der Erde vergeht. Und ich freue mich, wenn ich mir vorstelle, wie ein grüner Halm aus ihm wächst, den Boden durchbricht und eine Ähre voller Körner ausbildet: Nahrung und Kraft für viele.

Was die Pilger aus Griechenland wohl gedacht und gefühlt haben? Haben sie das Bild verstanden? Vielleicht, so will ich hoffen, begleitet das Gehörte und innerlich Gesehene sie nachhaltig auf ihrem Heimweg. Das Bild von Jesus als Weizenkorn können auch wir auf der Reise durch unser Leben mitnehmen. Mag sein, dass es auch in uns nachhaltig wirkt, dass es eine „revolutionäre Kraft des Mitgefühls" in uns weckt[14] und unsere eigene Bereitschaft zu Liebe und Hingabe an das Leben stärkt. Denn das, was ich wirklich mit dem Herzen sehe, nehme ich auch immer in mein eigenes Sein auf, und es prägt mich entsprechend.

Vielleicht werden wir uns am Ende unseres Pilgerweges ganz besonders wünschen, Jesus nicht aus den Augen zu verlieren. Dann können wir mit Paul Gerhardt beten: *„Erscheine mir zum Schilde, zum Trost in meinem Tod, und lass mich sehn dein Bilde in deiner Kreuzesnot. Da will ich nach dir blicken, da will ich glaubensvoll dich fest an mein Herz drücken. Wer so stirbt, der stirbt wohl."* (Ev. Gesangbuch 85,10). Amen.

---

[14] Konstantin Wecker/Bernie Glassman „Die revolutionäre Kraft des Mitgefühls", 2013

How love could be – 2. Korinther 13, 11+13[15]

Liebe Gemeinde!
Was uns wichtig ist, sagen wir oft am Ende eines Gespräches, eines Besuches, eines Briefes. So macht es auch Paulus. Am Schluss seines Briefes an die Gemeinde in Korinth kommt das Wichtigste, nachdem er zuvor vieles besprochen, diskutiert, erörtert hat. Paulus hat mit der Gemeinde eine wechselhafte Geschichte erlebt und einen regen Briefwechsel geführt. Er hat über die Grundlagen und Grundfragen des Christseins geschrieben. Aber es gab innerhalb der Gemeinde auch Konflikte, Streit, üble Nachrede, Zank (Kap. 12,20). Und es gab Spannungen zwischen Paulus und einigen Gemeindegliedern: manche stellten seine Autorität als Apostel in Frage, sie meinten, er sei zu schwach, seine Rede sei ohne Gewicht (z.B. Kap. 10,10). Das ist bitter und kränkend für einen, der sich so für andere ins Zeug legt.

Am Ende seines Briefes stellt Paulus seine Enttäuschungen und Verletzungen an die Seite. Denn er ist überzeugt: Wir sind und bleiben miteinander verbunden in Gottes Liebe. Nur dies soll am Ende zählen – auch wenn nicht alle Meinungsverschiedenheiten geklärt sind. Es soll dabei bleiben, dass der „Gott der Liebe und des Friedens" mit uns ist. Wie aber wird die Liebe und der Frieden im Alltag konkret?

„How love could be" – „Wie Liebe sein könnte" – seit einigen Wochen strahlt eine Leuchtschrift mit diesen Worten von der Höhe des Förderturms am Bergbaumuseum[16]. Sie ist Teil des „Detroit-Projektes", eines Kunstprojektes anlässlich der Schließung von Opelwerken in Bochum und in Europa, und es geht um die Frage: Wie kann der soziale Wandel in unserer Stadt und in unserem Land gelingen? „How love could be": Wie könnte denn Liebe aussehen, in unserer Stadt, die vom sozialen Wandel ergriffen

---

[15] gehalten am 15.06.2014 (Trinitatis) im Ev. Thomaszentrum Bochum-Querenburg
[16] Die Lichtinstallation befindet sich inzwischen über dem Eingang des Auditorium Maximum der Ruhruniversität Bochum.

und gebeutelt ist, in der sich soziale Gegensätze verschärfen, in der es viele arme Menschen gibt?
Wie könnte Liebe aussehen in der Gemeinde, im Pfarrerteam, im Presbyterium, bei alten Ehepaaren, in Familien, wenn ein Kind zur Welt kommt und sich die Beziehungen innerhalb der Familie dadurch verändern, in Familien, in denen man sich auseinander gelebt hat und Konflikte und Zerwürfnisse aufbrechen? Wie schön, wie beglückend könnte die Liebe sein – klagen Menschen, deren Liebe nicht erwidert oder bitter enttäuscht wird.

„How love could be" – leuchtet es mir jeden Morgen vom Förderturm des Bergbaumuseums entgegen, wenn ich mit dem Fahrrad zur Arbeit fahre. Manchmal denke ich, dass Gott selbst diese Frage für mich, für uns an den Himmel geschrieben hat, damit wir einen Moment innehalten, nachdenken, eine Antwort suchen. Mir gefällt, dass die Inschrift keine Antwort vorgibt. Denn die sollen wir selber herausfinden, Tag für Tag.

Eins aber ist mir ganz wichtig, und das möchte ich vorweg sagen:
Die Liebe ist immer schon da, denn sie ist „ausgegossen in unser Herz durch den Heiligen Geist", wie Paulus schreibt (Römer 5,5). Und der Dichter Matthias Claudius (1740-1815) besingt sie so:

> „Die Liebe hemmet nichts;
> sie kennt nicht Tür noch Riegel,
> und dringt durch alles sich.
> Sie ist ohn´ Anbeginn,
> schlug ewig ihre Flügel,
> und schlägt sie ewiglich."[17]

Doch nun zu der Frage: **Wie kann diese Liebe bei uns konkret werden?**
„Zuletzt, liebe Brüder, freut euch, lasst euch zurechtbringen, lasst euch mahnen, habt einerlei Sinn, haltet Frieden! So wird der Gott der Liebe und

---
[17] http://www.aphorismen.de/gedicht/13756

des Friedens mit euch sein", schreibt Paulus. Ich will diese Worte heute am Trinitatisfest trinitarisch auffassen, also auf Gott den Schöpfer, den Sohn und den Heiligen Geist beziehen.

Freut euch! Das kann unsere Antwort auf die Liebe Gottes, des Schöpfers, sein. Nun ist es uns in aller Regel unbehaglich, wenn man uns Freude anordnen und befehlen will. Das funktioniert nicht. Aber ich kann mir zum Beispiel im Blick auf die Schöpfung immer wieder klarmachen, wie schön und bunt, wie licht- und farbenvoll sie ist: die Bäume und die Blumen und die Tiere. Und erst die Menschen: große und kleine, hell- und dunkelhäutige, Kopfmenschen und Gefühlsmenschen, kühle Rechner und inspirierende Künstler. Als der Sturm neulich durch unser Land tobte, waren viele erschrocken über die unvorstellbare Kraft dieses Orkans und voller Mitgefühl mit den Bäumen, die zerstört wurden, und den Menschen, die zu Schaden kamen. In solchem Mitgefühl drückt sich unsere Liebe zur Schöpfung und den Geschöpfen aus. Freuet euch an der Schöpfung Gottes, am geschenkten Leben, an erlebter Solidarität. Solche Lebens-Freude kann eine Quelle unserer Liebe sein.

„Lasst euch zurecht bringen, lasst euch ermahnen." Dies möchte ich als eine Antwort auf die Liebe Jesu Christi verstehen.
Ermahnungen stehen in keinem guten Ruf. Sie sind unangenehm und lösen Widerstand aus. Wer lässt sich gern ermahnen? Wenn ich selber jemanden ermahnen muss, komme ich mir immer ein wenig komisch vor. Bin ich nicht zu streng und fordernd? Bin ich nicht intolerant? Doch es kann sehr wichtig sein, zu ermahnen oder sich ermahnen zu lassen. Ich will es einmal so sagen: lasst euch auf eure Widersprüche und euer Fehlverhalten ansprechen; gebt euch in euren Gruppen und Teams ehrliche Rückmeldungen; erhebt eure Stimme, wenn die Würde und das Ansehen von Menschen verletzt werden.
Bei all dem können wir uns an der Liebe Jesu orientieren: er segnet die Kleinen und die Kranken, er schützt die Schwachen und die Versager, er richtet Bedrückte auf und das alles ohne Vorbehalt und Vorbedingung. Und er konfrontiert die Selbstgerechten mit ihrem Hochmut.

Wir können uns an Jesu Verhalten mit unserem Reden und Tun orientieren. So wird die Liebe unter uns konkret. Amen.

„Habt einerlei Sinn, haltet Frieden". Hier geht um unsere Antwort auf das Wirken des Heiligen Geistes. Paulus will sicher keine Einheitsgesinnung verordnen, und Konflikte sollen nicht unter den Teppich gekehrt werden. Aber die Liebe soll darin konkret werden, dass wir friedsam sind. Meine Mutter hat einmal erzählt, sie habe mit meinem Vater nach dem Wort gelebt, dass wir die Sonne nicht über unserem Zorn untergehen lassen sollen (ein Pauluswort aus Epheser 4,6). Es gab auch in meiner Familie manchmal Streit und Konflikte. Die gehören zum Leben – es kommt aber darauf an, konstruktiv damit umzugehen, einen Konflikt ehrlich auszutragen und möglichst nicht auf die lange Bank zu schieben.

„So love could be" – so könnte es mit der Liebe in unserem Familien-, Berufs- und Gemeindealltag gehen. Und die Liebe des dreieinigen Gottes, des Vaters und des Sohnes und des Heiligen Geistes, sei mit uns allen. Amen.

Überzeugende Gemeinde – Apostelgeschichte 6,1-7[18]

Liebe Gemeinde!
Eine kleine Bemerkung am Rande dieser Geschichte lässt mich aufhorchen. Da heißt es, dass die Botschaft Gottes sich weiter ausbreitete und die Zahl der Glaubenden von Tag zu Tag stieg. Ich werde neidisch und denke: Wenn wir das doch auch heute sagen könnten! Es soll ja in anderen Erdteilen wachsende christliche Gemeinden geben, aber bei uns ist es anders: unsere Gemeinden werden kleiner, das Geld wird weniger, Gemeindehäuser und Kirchen werden geschlossen. Man kommt sich als christliche Gemeinde und als Christ in einer zunehmend unchristlichen Gesellschaft manchmal wie auf verlorenem Posten vor.
Dass die Zahl der Glaubenden von Tag zu Tag stieg, ist für Lukas keine menschliche Erfolgsgeschichte, sondern letztlich Gottes Werk. Der Geist Gottes rief und ruft Menschen in die Gemeinde, in die Nachfolge Jesu. An uns liegt es, dem Wirken dieses Geistes nicht im Wege zu stehen. Die Frage, die mich beschäftigt, lautet deshalb: Was macht eine überzeugende, attraktive christliche Gemeinde aus? Da finde ich bei Lukas drei Aspekte, die ich mit Ihnen betrachten möchte:

Eine attraktive und überzeugende Gemeinde besteht aus Menschen unterschiedlicher Herkunft, Kulturen und Milieus.
Das kennen Sie hier im Thomaszentrum sehr gut. Unsere ausländischen Schwestern und Brüder kommen für eine gewisse Zeit hierher ins Ökumenische Studienwerk, leben und lernen hier, und wir freuen uns, dass wir miteinander Gottesdienst feiern können. Wir sprechen zwar verschiedene Sprachen, und es ist auch für mich manchmal nicht ganz leicht, mit Ihnen ins Gespräch zu kommen, aber ich spüre doch, was uns verbindet, nämlich das Bekenntnis zum dreieinigen Gott und die Hoffnung auf Gottes Liebe. Wir sind von verschiedenen Kulturen geprägt, aber wir feiern miteinander Gottesdienst, singen und beten miteinander das Vaterunser.

---
[18] gehalten am 14.09.2014 im Ev. Thomaszentrum Bochum-Querenburg

In der Urgemeinde, von der Lukas erzählt, gab es hebräisch sprechende und griechisch sprechende Christen. Wir hören, dass es unter ihnen zu Konflikten kam, aber erst einmal wollen wir festhalten: eine christliche Gemeinde ist von ihrem Wesen her multikulturell, weltoffen, grenzübergreifend. Die Unterschiede beziehen sich nicht nur auf unterschiedliche Heimatländer und Nationalitäten. Auch in unserer deutschen Gesellschaft leben Menschen unterschiedlicher Kulturen, Milieus und Lebensstile: z.B. junge Leute, die sich ganz selbstverständlich in der Welt mit facebook, twitter und Co. bewegen; akademisch gebildete Konzert- und Theaterbesucher; Menschen, die mehr die fröhliche Geselligkeit von Volks- und Straßenfesten lieben.
Es ist gar nicht immer leicht, einander zu begegnen, aneinander interessiert und füreinander offen zu sein.
Nun gibt es in der multikulturellen Gemeinde des Lukas auch Konflikte. Lukas erzählt, dass die armen griechischen Witwen bei der täglichen Versorgung mit Lebensmitteln benachteiligt wurden. Das führte zu Ärger und Klagen. Ungerechte Verteilung von Geld, Gütern und damit ungerechte Lebenschancen kennen wir auch bei uns zur Genüge. Manche klagen und protestieren dagegen, viele andere scheinen sich wenig darum zu kümmern. Was ist zu tun?

Eine attraktive und überzeugende Gemeinde ist kommunikativ und interaktiv.
Die Apostel als die Verantwortlichen für das Gemeindeleben hören die Beschwerden und nehmen sie ernst. Statt sich zu verteidigen oder die Sache herunterzuspielen oder auszusitzen, berufen sie eine Gemeindeversammlung ein. Sie geben zu, dass sie allein nicht mehr allen Aufgaben gewachsen sind. Ein Leitungsteam kann nicht alles selber machen. Die Arbeit muss also verteilt und neu strukturiert werden. Und deshalb schlagen sie vor, Männer zu wählen, die bestimmte Aufgaben – hier die Versorgung der Witwen – übernehmen.
Diese Helfer sollen ein bestimmtes Profil besitzen, sollen soziale, geistliche und fachliche Kompetenzen mitbringen: sie sollen einen guten Ruf haben (soziale Kompetenz), vom Geist Gottes erfüllt sein (geistliche Kompe-

tenz) und Weisheit besitzen, um die gestellte Aufgabe zu erfüllen (fachliche Kompetenz). Die Gemeindeversammlung wählt nun sieben Männer, die diese Kompetenzen haben. Diese werden von den Aposteln in ihren Dienst berufen.
Was heißt das für uns heute? Wir Pfarrer zum Beispiel können nicht alles machen und sollen es auch nicht. Wir werden sonst krank. Oder wir machen Fehler, weil wir von manchen Dingen zu wenig verstehen, oder wir vernachlässigen unseren Auftrag zur Verkündigung. Auch Presbyterinnen und Presbyter können und müssen nicht alles machen. Nein, es braucht viele, die mitmachen und Aufgaben übernehmen, die ihren Fähigkeiten entsprechen. Die Gemeindeleitung hat vor allem die Aufgabe, darauf zu achten, wer was gut kann:
z.B. Kaffee kochen, Gemeindebriefe schreiben und verteilen, Finanzen verwalten, Lektorendienste übernehmen, Kranke besuchen, Kinder- und Jugendgruppen leiten, Konflikte moderieren usw. Probleme entstehen oft dadurch, dass wenige Leute zu viel tun oder dass Leute etwas tun, wozu sie nicht geeignet oder ausgebildet sind.
Deshalb würde ich gerne jede Einzelne, jeden Einzelnen von uns fragen: Was ist deine Berufung? Was kannst du in die Gemeinde einbringen? Zu welchem Dienst der Nächstenliebe bist du bereit?

Somit komme ich zum letzten Punkt: **Eine attraktive und überzeugende Gemeinde bezeugt die Liebe Jesu in Wort und Tat.**
„Liebe ist nicht nur ein Wort. Liebe, das sind Worte und Taten" (Ev. Gesangbuch 665), werden wir gleich singen. In unserer Gesellschaft findet das Tatzeugnis des Glaubens große Anerkennung und Zustimmung: Stadtteilarbeit und Diakonie, Beratungsdienste und Notfallseelsorge sind nur einige Beispiele. Wenn wir uns diesen Aufgaben stellen, werden wir als Gemeinde überzeugend und attraktiv sein.
Aber wir brauchen auch die Verkündigung des Wortes Gottes so nötig wie das tägliche Brot. Neulich sprach mich ein „Bodo"-Verkäufer an[19]. Er wollte keinen zusätzlichen Euro von mir, sondern er erzählte mir von sei-

---
[19] „Bodo" heißt ein Straßenmagazin in Bochum und Dortmund.

ner Angst vor einer bevorstehenden Herzoperation, mir, einem wildfremden Menschen, der zufällig vorbeikam. Unsere Seelen hungern nach einem guten Wort, nach Ermutigung und Trost! Mein Wunsch, dass Gott ihm beistehen und ihn in seiner Angst behüten möge, berührte diesen Mann sichtlich.

Wir sind der Gesellschaft das unaufdringliche Zeugnis unseres Glaubens schuldig. Und wir können immer neue Formen dafür entwickeln. Ein Kollege von mir hat zum Beispiel eine Internetseite eingerichtet, auf der er zu aktuellen ethischen Fragen wie Sterbehilfe aus seinem christlichen Glauben heraus Stellung nimmt. Das Wort- und das Tatzeugnis des Glaubens gehören zusammen. An unserer heutigen Geschichte beeindruckt mich deshalb, wie unmissverständlich die Apostel sagen: „Wir können auf keinen Fall darauf verzichten, das Wort Gottes zu verkündigen, und deshalb können wir nicht auch noch die soziale Arbeit mitmachen." Die Aufgaben werden also geteilt, aber es bleibt ein gemeinsamer Dienst.

1988 haben die Anglikanischen Bischöfe weltweit für die Kirche und ihre Mission folgende umfassende Aufgaben für die christlichen Gemeinden formuliert: Verkündigung der Guten Nachricht vom Reich Gottes – Unterweisung, Taufe und geistliche Förderung der Glaubenden – Stillung menschlicher Bedürfnisse durch liebevollen Dienst – Veränderung ungerechter gesellschaftlicher Strukturen – Bewahrung der Schöpfung.

Liebe Gemeinde, ich wünsche, dass wir uns bei der Wahrnehmung unserer Aufgaben von schwindenden Finanzen, Mitgliederzahlen und Strukturveränderungen nicht beirren lassen und eine attraktive und überzeugende Gemeinde Jesu in Bochum bleiben. Amen.

Hauptsache „kern-gesund" - Markus 21,1-12[20]

Liebe Gemeinde!
„Hauptsache Gesundheit" – diesen Wunsch hören und sagen wir oft bei Geburtstagen und anderen Anlässen. Gesundheit ist ein hohes Gut, das wir oft erst zu schätzen wissen, wenn sie bedroht ist oder uns abhandenkommt. Eine angegriffene Gesundheit, eine chronische Erkrankung (zum Beispiel Parkinson, Diabetes, Neurodermitis), eine bleibende Gehbehinderung nach einem Unfall, eine Krebsdiagnose oder eine schwere Depression machen Angst, trüben unsere Lebensfreude, schränken uns massiv ein.
Ich bin auf Hilfe angewiesen, mein Selbstwertgefühl leidet sehr, meine Einschränkungen machen mich mürrisch oder gar verbittert, meine Angst schwächt die Lebenskraft, kostbare Zeit verbringe ich bei Untersuchungen, Therapien und in vollen Wartezimmern. Ich kann u.U. nicht mehr arbeiten, habe finanzielle Einbußen, verliere Bekannte oder Freunde – das geht oft ganz schnell. Also wünschen wir uns mit gutem Grund: „Hauptsache Gesundheit".

Was sagt das Evangelium dazu?
Zuerst hören wir, wie die Leute sich im Haus um Jesus drängeln: Männer und Frauen, Alte und Junge, Gläubige und Zweifler – erstaunlich, wie viele in so ein kleines Häuschen passen. Sie sind gespannt: Was werden wir heute erleben? Sie erwarten vielleicht etwas Abwechslung oder eine kleine Sensation, vielleicht auch ein gutes Wort. In ihrem Gepäck haben manche die Sehnsucht nach ein wenig Glück, Hoffnung auf Befreiung von Gebrechen und Krankheiten. Vielleicht ist es für den einen oder anderen schon ein Glück, Jesus nahe zu sein, ihm hier und jetzt zu begegnen und von ihm etwas über ein neues Leben zu hören, über Liebe und Freiheit. „Reich Gottes" sagt der Evangelist dazu.

Einer in unserer Geschichte hat so gut wie keine Chance, dabei zu sein: der Gelähmte. Wie sollte er es auch schaffen, zu Jesus zu kommen? Aus eige-

---

[20] Predigt am 11.10.2015 im Lutherhaus Bochum-Stiepel. Die Predigtidee stammt von Andrea Schneider, Eigentlich kerngesund -mit Hindernissen mutig leben, 2013

ner Kraft – unmöglich. Er bleibt meist außen vor, da nützt kein Hadern, kein Trauern, kein Weinen, obwohl ihm manchmal danach zumute ist. Das Leben geht häufig an ihm vorbei. Er ist Zuschauer, Randfigur, Statist. Wir wissen nicht, wie lange und warum er gelähmt ist und was er eigentlich für ein Mensch ist. Ob er sich in sein Schicksal gefügt hat? Ob er sich manchmal fragt: *Was habe ich falsch gemacht, was habe ich mir zuschulden kommen lassen?* Viele Kranke und Behinderte denken so.

Vieles muss er entbehren, aber es gibt auch Menschen, denen er nicht egal ist. Vier Männer sind da, die reden nicht viel, die tun was. Sie packen die vier Enden seiner Schlafmatte und tragen den Mann zu Jesus. Und da es kein Durchkommen gibt, keiner von den Leuten auf einen guten Platz verzichten will, klettern sie mit ihrer Last die Außentreppe am Haus hoch und graben ein Loch ins flache Dach. Sie schieben Lehm und Stroh, Zweige und Äste beiseite, so dass ein Durchbruch entsteht, und sie lassen den Mann herab, direkt vor die Füße Jesu. Es sind Männer vom Schlag wie „Es gibt keine Chance, also nutzen wir sie." Jesus nennt das übrigens „Glauben".

Der, an dem das Leben oft vorbei geht, steht bzw. liegt nun im Mittelpunkt des Geschehens. Wie mag das nun für ihn sein? Alle gucken und starren, machen die Hälse lang, reißen die Augen auf, kichern und tuscheln, sind empört wegen der Sachbeschädigung, fühlen sich belästigt durch die Lehmbrocken, die auf sie herabgefallen sind. Peinlich muss das sein. Jesus aber sieht durch das Loch im Dach die fragenden und hoffnungsvollen Gesichter der vier Männer, er sieht den Mut ihrer Hoffnung, die Kreativität ihrer Freundschaft. Und deshalb sagt er zu dem Gelähmten: „Mein Sohn, deine Sünden sind dir vergeben."

Ich frage mich, was der Kranke in diesem Moment empfindet. Ob er enttäuscht ist? *Vergebung, schön und gut. Aber gibt es für mich denn keine Heilung, keine Gesundheit? Bleibt mir die Hauptsache wieder mal vorenthalten?* Oder erlebt er vielleicht dieses Wort Jesu ganz anders: tröstlich, befreiend, entlastend? Wie oft hat er sich gefragt: *Was habe ich falsch gemacht? Wofür werde ich bestraft?* Wie oft hat er sich wie ein Un-Mensch gefühlt, abgeschnitten, ausgegrenzt, von oben herab bemitleidet oder verachtet? Und nun: „Mein Kind", „Mein Sohn". Das ist keine Verniedlichung, kein Kleinmachen eines Erwachsenen. Es ist ein Ehrentitel! Es ist eine Adoption, die unwiderrufliche Aufnahme in die Lebensgemeinschaft mit Gott. Und ein Freispruch: Du bist „kern-gesund", in Deinem Wesenskern gesund, unabhängig von deiner körperlichen oder seelischen Verfassung!

Als Psychiatrieseelsorger habe ich erlebt, dass Patienten in die Kapelle, in den Gottesdienst kamen, vor dem Altar knieten, eine Kerze anzündeten oder einfach still dabei waren, wenn wir sangen und beteten. Und manchmal sagte einer etwas, was mich zutiefst berührte: „Auch wenn ich psychisch krank bin, auch wenn andere mich als ′bekloppt′ bezeichnen, meine Seele ist gesund – weil ich zu Gott gehöre, weil ich Gottes Kind bin." Solchen Glauben habe ich gefunden, liebe Gemeinde, bei Menschen, die angesichts ihrer Erkrankung um ihr Leben rangen und die sagen konnten: Ich bin im Kern gesund!
„Mein Kind, deine Sünden sind dir vergeben."
Das hört sich wenig an und ist ganz viel. Vergebung ist – wie das Evangelium weiter erzählt, gewichtiger als die Tatsache, dass ein Gelähmter wieder laufen kann.
Vergebung: Stell dir vor: du hast dich schuldig gemacht, hast jemandem Liebe, Nachsicht, Erbarmen verweigert, hast jemandem einen (nicht wieder gut zu machenden) Schaden zugefügt, hast Vertrauen missbraucht und zerstört. Das lähmt, schwächt und behindert dich, das nagt an deiner Lebensfreude und deinem Selbstwertgefühl.
Und nun bekommst du Vergebung zugesprochen! Du fällst nicht aus der Liebe heraus. Dir wird unverdientes Vertrauen zuteil. Die gestörte Beziehung darf wieder heilen. Der andere schätzt dich trotz allem, die Gemeinschaft hält an dir fest, und sie braucht dich. Versagen und Schuld, Wunden und Narben bleiben, du bleibst verantwortlich für dein Tun und Lassen, aber du gehörst zur Gemeinschaft der Gotteskinder.
Vergebung: das ist kein theoretisches Prinzip, sondern ein Beziehungsgeschehen, es ist das Heilmittel für gestörte und verletzte Beziehungen.

Am Ende sagt Jesus zu dem Gelähmten: „Steh auf, nimm deine Matte und gehe heim". Er sagt es, weil er denen, die seine Vollmacht anzweifeln, ein Zeichen geben will. Und weil er dem Gelähmten auch körperlich auf die Beine helfen will. Und der Mann steht auf, nimmt sein Bett und geht. Dies ist eine Bekräftigung und Veranschaulichung dessen, was an seiner Seele geschehen ist und was er für sich angenommen hat.

Hauptsache gesund? Ich sage lieber: Hauptsache „kern-gesund".
Das sind wir, wenn wir erfahren:
Ich habe Freunde, die mich aushalten und mittragen, die für mich hoffen, auch wenn ich an mir selber (ver-)zweifle.
Jesus sagt zu mir: „Mein Kind", und ich fühle mich getragen von seiner Güte.
Ich nehme Vergebung an, und ich lerne, mir selbst und anderen zu vergeben.
Ich bin zu Gutem fähig und berufen, und ich will mich nicht lähmen lassen von dem, was missrät. Hauptsache „kern-gesund!" Das wünsche ich mir und uns allen, nicht nur zum Geburtstag. Amen.

Geh aus mein Herz[21] - Liedpredigt
I.
Liebe Mitarbeiterinnen und Mitarbeiter!
„Ich bin wie berauscht vom Sommer", sagte mir neulich jemand, „von dieser Fülle und Pracht, von dieser Sinfonie der Farben." Ich muss sagen, mir geht es genauso. Jedes Jahr wieder neu. Ich laufe mit meinem Fotoapparat herum und fotografiere, als hätte ich noch nie in meinem Leben „butterblumengelbe Wiesen" und „wohlgesangsdurchschwellte Bäume" (Christian Morgenstern) gesehen.

Und Paul Gerhardt? Ihm mag es ähnlich gegangen sein. Was für eine Freude, was für ein Staunen und was für ein Gottvertrauen durchzieht sein Lied! Seine Welt sah anders aus als unsere: es gab weder Autos noch Flugzeuge, weder Telefone noch Kaffeemaschinen, keine Diskussionen über Atomkraft, Klimawandel oder Datenschutz. Vieles war anders, aber die Welt war auch 1653 kein Paradies, sondern genauso zwielichtig wie heute. Der furchtbare 30-jährige Krieg lag nur wenige Jahre zurück, Landstriche und Ortschaften lagen noch verwüstet, die Seelen und Körper vieler Menschen waren versehrt.

Paul Gerhardt kennt also die Schattenseiten des Lebens auf dieser „armen Erde" (Str. 9): die Gräuel des Krieges, den frühen Tod beider Eltern, das vorzeitige Sterben fast aller seiner Kinder, den Tod seiner Frau, ein zeitweises Berufsverbot. Paul Gerhardt weiß, wie es ist, wenn Leib und Seele im größten Leid sitzen, wenn man „Spott und Schanden" ausgesetzt ist (Ev. Gesangbuch 11, 3+4).
Und doch strahlt er mit diesem Lied so viel Lebensfreude aus. Er freut sich an den blühenden Gärten, am „Lustgeschrei" der Hirten und den „unverdrossenen" Bienen, er staunt darüber, wie in die „schwachen Reise" des Weinstocks täglich neue „Stärk´ und Kraft" fließen (Str.6). Lieber Paul

---
[21] Über das Lied Ev. Gesangbuch 503; gehalten beim Mitarbeitertag der Telefonseelsorge Bochum am 13.06. 2015

Gerhardt, wie bekommst du das hin, so unverdrossen, zuversichtlich und dankbar zu leben?

II.

„Geh aus, mein Herz", singt er. Und er sagt uns: nehmt dies als meine **Anleitung zur Lebenskunst**: Verkriecht Euch nicht, weder in Eurem Haus noch in Eurer guten oder schlechten Gewohnheiten, noch in Eurer mitunter enttäuschten, verletzten Seelenkammer, verharrt nicht in Grübeleien, Kummer oder Klagen.

Geh unverdrossen aus dir heraus, suche Freude, die dich belebt, damit du in Beziehung bleibst mit der Schöpfung und ihren Geschöpfen und so auch mit dir selbst in Einklang kommst. So rät er uns, der Paul Gerhardt, und so raten wir s manchmal am Telefon einem Anrufer, einer Anruferin, die in trüben Stimmungen versinkt. Aber wie soll das bloß gehen? Wir kennen so viele, die in Trübsinn, Missmut, Verbitterung stecken bleiben. Auch mir geht es mitunter so.

„Geh aus, mein Herz". Das ist das Zauberwort. Der Dichter, der Pastor, der Seelsorger Paul Gerhardt bleibt einfach dabei. So ermuntert er sich selbst. Und ich glaube, dass dieser Impuls irgendwo in jedem Menschen steckt. Depressive berichten uns manchmal, wie sie es schaffen, raus zu gehen, zu laufen, sich zu bewegen in der Natur, auch wenn die Freude zunächst ausbleibt. Aber es tut ihnen gut, es trägt zur Heilung bei. Lebensfreude beginnt damit, die Sinne zu öffnen für alles, was uns umgibt: „Schau an der schönen Gärten Zier". Wir können als Seelsorgende von diesen Menschen lernen: Schauen – hinhören – staunen – über Bäume und Blumen, über Lerchen, Tauben und Nachtigallen, über Glucken, Störche und Schwalben, über Hirsche, Rehe und Bienen, über Weinstöcke und Weizenfelder.

III.

Paul Gerhardt preist die Schönheit der Natur, und er begegnet darin der **Schönheit Gottes**: „Ach, denk ich, bist du hier so schön und lässt du´s uns so lieblich gehn auf dieser armen Erde" (Str.9). Die Lebensfülle der Natur wird zum Abbild, zum Gleichnis für die Schönheit Gottes. Paul Gerhardt

nennt Gott tatsächlich „schön", so wie es auch der 104. Psalm tut: „Mein Gott, du bist sehr herrlich, du bist schön" (Psalm 104,1).
Dies ist für mich eine **Liebeserklärung an das Geheimnis des Lebens.** Die Schönheit Gottes können wir in der Schöpfung finden, beim Anblick eines nächtlichen Sternenhimmels, beim Betrachten eines Blattes im Sonnenlicht, beim Erkennen der wunderbaren Vernetzungen alles Lebendigen. Die Bibel erwähnt die Schönheit Gottes noch in einem anderen Zusammenhang. Paulus spricht von der Erkenntnis der Herrlichkeit Gottes in dem Angesicht Jesu Christi (2. Korinther 4,6). Im liebenden Blick Jesu und in seinem dornengekrönten Antlitz wird dem Glaubenden Gottes Schönheit offenbar.
Dies bringt mich auf die Idee, dass **Schönheit** nichts mit Makellosigkeit oder Unversehrtheit zu tun hat, sondern **Attribut einer liebenden Beziehung** ist. Gott ist schön, weil er liebt. Und wenn das so ist, sind wir alle schön, wenn wir uns lieben lassen und selber lieben.

IV.

Nach der Betrachtung der Natur und der Schönheit Gottes steht am Ende des Liedes die Frage nach dem Sinn unseres Menschenlebens: **Wer bin ich, wer oder was will ich sein?** Diese Frage treibt auch viele um, die bei uns anrufen. „Mach in mir deinem Geiste Raum, dass ich dir werd´ **ein guter Baum** und lass mich Wurzeln treiben" (Str. 14). Paul Gerhardt singt davon, wer und was er sein will: kein Supermensch, kein Retter der Welt, kein Heiliger. Ein tief verwurzelter Baum will er sein, „schöne Blume", das wünscht er sich, darum bittet er aus tiefstem Herzen.
Für mich ist dies ein wunderbares Bild für unsere Berufung: als bunte, lebendige und vergängliche Geschöpfe, jeder mit seiner eigenen Farbe und Schönheit und Kraft, immer tiefer hinein zu wachsen in die Liebe, in Vertrauen und Dank. So bringen wir wie von selbst – wenn Gott es schenkt – „Glaubensfrüchte" hervor (Str. 13), nicht zum eigenen, sondern zu Gottes Lob. Wer oder was möchte ich sein? Ich sage es für mich so: einer, der aus Freude und Dankbarkeit dem Leben um seiner selbst willen dient und – wenn er welkt und vergeht – hoffentlich in „Christi Garten" (Str. 10) einen guten Standort findet. Amen.

Memento für rauhere Tage

Im glitzernden Sommerlicht
kräuseln leise Wellen den See.
Verträumter Wind umhüllt
mit samtener Stille
den Wanderer,
dem
am Rande duftender Kiefern
ein Wall von grünem Gerank
Sicht und Weg versperrt.

An dessen dornigen Zweigen
aber laden dunkelrote Beeren,
eines langen Sommers selige Ernte,
zum Schmaus.

Später,
in den Tagen der Kälte,
lockt ihre Süße
den müden und suchenden Geist
sonnenwärts.

- *Gefäße – Menschen auf ihrem Weg*

Feuer und Wasser
- ein Taufsegen –

Licht:
deine lebendige Kraft
schauen wir im Schein
dieser Kerze –
Licht des Lebens
soll dich, Kind, erleuchten
alle Tage

Urflut:
deiner Wogen und Ströme
werden wir inne
in den glitzernden Tropfen
dieses Wassers –
es soll dich, Kind,
netzen und laben
alle Tage

Sei getauft
mit Feuer und Wasser,
sei gesegnet
mit Geist und Schönheit,
sei eingetaucht
in Wahrheit und Gnade,
du Kind der ewigen Liebe

Sei gesegnet – Taufpredigt für Friedrich Leo K.[22]

Liebe Henrike, lieber Heinrich, Ihr lieben Familienmitglieder, Freundinnen und Freunde!

„Mach in mir deinem Geiste Raum, dass ich dir werd ein guter Baum, und lass mich Wurzel treiben...."[23] Ein schönes Bild ist das: ein Baum mit starken Wurzeln, je nach Art mit Pfahl- oder Tellerwurzeln, die ihn halten und nähren; und mit einem kräftigen, aber auch biegsamen Stamm, einer verzweigten Krone, mit vielen Blättern im Sommer und einer Fülle von Früchten im Herbst – Kastanien, Eicheln, Walnüssen, Birnen, Pflaumen oder Äpfel. Das können wir uns gut vorstellen, und wir können es als heilsames Bild in uns aufnehmen und wirken lassen.
Ich bin sicher, dass Paul Gerhardt beim Dichten des Verses das Wort des Propheten Jeremia im Sinn hatte, das Ihr Eurem Kind Friedrich Leo als Taufspruch und Motto auf seinen Lebensweg mitgebt:
„Gesegnet aber ist der Mann, der sich auf den HERRN verlässt und dessen Zuversicht der HERR ist. Der ist wie ein Baum, am Wasser gepflanzt, der seine Wurzeln zum Bach hin streckt. Denn obgleich die Hitze kommt, fürchtet er sich doch nicht, sondern seine Blätter bleiben grün; und er sorgt sich nicht, wenn ein dürres Jahr kommt, sondern bringt ohne Aufhören Früchte" (Jeremia 17,7+8).

Wir freuen uns alle mit Euch über die Gburt Eures Kindes und staunen über dieses kleine Lebewesen, das Euch geschenkt und anvertraut ist.
Und wir wünschen wir dem kleinen Friedrich Leo, Eurem Sohn und Enkel, Urenkel und Neffen, Eurem Patenkind, dass er solch ein Mensch, solch ein Mann wird: stark und kräftig und beweglich zugleich an Leib und Seele, aufrecht und aufrichtig, und dass sein Leben auch fruchtbar wird für andere, und dass er sich fest einwurzelt in einen guten Grund mit nährenden Quellen. Und dass er sich nicht fürchtet, wenn die Hitze kommt, wenn dür-

---
[22] gehalten am 11.08.2012 in Bochum-Wattenscheid
[23] Ev. Gesangbuch 503,14

re Zeiten herrschen. Wir wünschen ihm, dass er mutig und zuversichtlich hoffnungs- und kraftvoll bleibt; und dass es vielerlei gute Früchte bringt. Damit dies nicht nur ein Wunsch bleibt, sondern auch möglich wird, ist vor allem eins ganz wichtig: dass er "seine Wurzeln zum Bach hin streckt." Schauen wir also vor allem auf die Wurzeln.

Ein Baum braucht in der Tat gute und kräftige **Wurzeln**, damit er Hitze und Dürre, Stürme und Unwetter, also die unvermeidlichen Herausforderungen und Krisen im Leben meistern oder wenigstens überstehen kann. Die Älteren unter uns wissen aus eigener Erfahrung, dass uns manchmal gerade die Krisen und Notlagen dazu bringen, uns um unsere Wurzeln zu kümmern, sie bewusst auszustrecken nach Quellen und Ressourcen, die uns lebendig halten.

„Kinder brauchen Wurzeln", schreibt der Neurobiologe Gerald Hüther in seinem gleichnamigen Buch. Und er übersetzt dieses Bild, indem er sagt, dass die Wurzeln, mit denen sich Kinder fest im Leben verankern, **sichere emotionale Bindungen** zu den Menschen sind, bei denen die Kinder aufwachsen.
Das heißt, um gute Wurzeln ausbilden zu können, um dem Leben mit seiner Unberechenbarkeit und seinen Herausforderungen gewachsen zu sein, brauchen Kinder von Anfang an Sicherheit, Geborgenheit, Liebe, mit anderen Worten: verlässliche Beziehungen. Nur so entwickeln sie Vertrauen zum Leben und zu sich und werden fähig, selber vertrauensvolle Beziehungen aufzubauen und in achtsamer Verbundenheit mit allen Wesen zu leben. Dann lieben sie das Leben und freuen sich an der Buntheit der Welt.

Wir Erwachsenen aber, die wir unseren Kindern und Patenkindern, Nichten, Neffen, Enkeln und Urenkeln solche positiven Erfahrungen ermöglichen wollen, müssen **selber gut verwurzelt sein** in einem tiefen Vertrauen, dass das Leben trotz allem gut ist, dass es einen verlässlichen Grund hat, und dass es sich lohnt, in Liebe und Mitgefühl auf dieser Welt zu leben.

Dass dies nicht einfach und selbstverständlich ist, davon weiß der Prophet Jeremia auch ein Lied zu singen. Direkt im Anschluss an die Worte des Taufspruchs fährt er nämlich fort, dass das Herz ein trotziges und verzagtes „Ding" sei (V.9). Trotzig, das kennen wir – nicht nur von unseren Kindern, wenn sie in der sogenannten „Trotzphase" sind; wir kennen das auch von uns selbst: ich bin verärgert, enttäuscht, frustriert; ich will nicht mehr mitspielen, ich möchte aussteigen aus dem Spiel des Lebens, Gott und die andern können mir gestohlen bleiben. Ich empfinde das Leben als ungerecht. Gott hat mich enttäuscht, meine Gebete werden nicht erhört.
Wenn ich verzagt bin, klingt das etwa so: Was soll bloß werden? Wie soll das gehen? Ich schaffe das nicht. Ich traue mir nichts zu. Ich traue auch Gott nichts zu. Ich bin verlassen und verloren. So können wir uns verzagt einigeln in unsere Frustrationen und Misserfolge. Das sind die Dürrephasen der Seele, die Krisen des Glaubens.

Und wundert es Euch, wenn ich sage: davon bleiben auch starke Männer manchmal nicht verschont? Deshalb fügt Jeremia ein Drittes hinzu, ein Gebet, dass Gott ihm helfen und ihn heilen möge. „Heile mich, Gott, so werde ich heil; hilf mir, so ist mir geholfen" (V.14). Es ist nach meiner Erfahrung tatsächlich so, dass Gottvertrauen, Glaube, Lebenszuversicht und gesundes Selbstvertrauen, diese starken und tiefen Wurzeln, die wir brauchen, immer neu erbeten werden wollen, und dass sie uns aus dem Gebet heraus zuwachsen.
Darum ist es tatsächlich ein **Segen,** wenn wir Mann oder Frau, als Kind oder Greis Gottvertrauen einüben und dies in Gemeinschaft mit anderen pflegen.

Liebe Henrike, lieber Heinrich, Ihr bringt euren **Friedrich Leo** zur Taufe. Wir danken Gott für ihn und bitten mit Euch, dass er an Frieden reich und wie ein Löwe stark sein möge; reich und stark im Glauben und einem Selbstvertrauen, das sich auch seiner Schwächen nicht schämt. Er möge ein Mensch werden, der sich verlassen kann, im doppelten Sinne: sich auf Gottes Wort verlässt; und der auf dieser Basis sein Schneckenhaus verlassen, aus sich herausgehen, auf andere zugehen und lebensförderliche Beziehungen eingehen kann.

Friedrich Leo wird heute in der Taufe in eine starke und große Gemeinschaft gestellt: in die Gemeinschaft mit dem lebendigen Gott, dem Vater, Sohn und Geist, und in die weltweite Gemeinschaft seiner Gläubigen. Möge dies die wichtigste Ressource in seinem Leben sein, **dass Gott Ja zu ihm sagt**, was immer geschieht.
Kurt Marti bringt es auf den Punkt:

> „Ich wurde nicht gefragt
> bei meiner zeugung
> und die mich zeugten
> wurden auch nicht gefragt
> bei ihrer zeugung
> niemand wurde gefragt
> ausser dem EINEN
> und der sagte
> ja
> Ich wurde nicht gefragt
> bei meiner geburt
> und die mich gebar
> wurde auch nicht gefragt
> bei ihrer geburt
> niemand wurde gefragt
> ausser dem EINEN
> und der sagte
> ja"[24]

Amen.

---

[24] aus: geduld und revolte (die gedichte am rand), Radius-Verlag, Stuttgart 1984

Liebeslied

Zuzeiten,
da es kälter wird,

die Töne verstummen,
die Farben verschwimmen,
die Seelenhaut schrumpft,

rücke ich ganz nah
an dich heran

und wärme meinen Leib
an dir
und meine Seele.

Lieben heißt: versprechen und vertrauen[25] - Traupredigt

Liebe Uta, lieber Tobias
Ihr seid heute in diese Kirche gekommen, um Euren gemeinsamen Lebensweg auf ein Versprechen zu gründen, das Euch beiden von Gott gegeben wird und das Ihr, darauf bauend, auch einander gebt: „Ich will dich nicht verlassen noch von dir weichen. Sei getrost und unverzagt."

Nun möchte ich Euch erst einmal erzählen, in welchem Zusammenhang dieses Wort in der Bibel steht. Denn das ist eine, wie ich finde, interessante Geschichte. Und Geschichten interessieren euch ja, wie ich weiß.
„Ich will dich nicht verlassen, sei getrost und unverzagt" ist im Alten Testament Gottes Versprechen an Josua. Josua soll als Nachfolger des Mose das Volk Israel ins Land Kanaan führen. Bevor er diese verantwortungsvolle Aufgabe übernimmt, wird er sich gefragt haben: Was kommt da alles auf mich zu? Welche Hindernisse sind zu bewältigen? Wie leite ich dieses wankelmütige Volk, das auf dem Weg durch die Wüste schon den Mose oftmals zur Verzweiflung getrieben hat mit seiner Angst, seinem Murren und der Anbetung des Goldenen Kalbes. Und: Bin ich für diese Aufgabe kompetent und stark genug? Auch Führungskräfte stellen sich manchmal solche Fragen, und sie suchen und brauchen Rückhalt und Bestärkung.
Josua bekommt Rückendeckung für sein Amt, denn ihm wird zugesagt: „Ich will dich nicht verlassen noch von dir weichen. Sei getrost und unverzagt" – und das gleich zweimal, damit er es wirklich glaubt: Du bist nicht allein, du bist behütet und beschützt. Deshalb sei getrost. Ob er diesem Zuspruch getraut hat? Wahrscheinlich ja, denn er hat den Auftrag angenommen und sich mit dem Volk auf den Weg gemacht.
Nun geht er allerdings nicht gleich in Aktion, sondern macht sich zunächst einen Plan. Er schickt Kundschafter aus, die sich ein Bild von dem unbekannten Land machen sollen. So geht er behutsam und bedacht zu Werke.

---
[25] gehalten am 19. 07. 2014 in der katholischen Kirche St. Johannes Baptist in Greven-Gimbte

Ihr beide habt Euch vor einigen Jahren schon gefunden und kennengelernt. Ihr seid miteinander vertraut geworden und habt Euch lieben gelernt. Und schon seit einiger Zeit habt Ihr Euch entschlossen, miteinander Euren Lebensweg zu gehen, einen Weg, der auch Euch in ein verheißungsvolles Land führen soll, einen Weg, auf dem Ihr gemeinsam Glück und Lebensfreude sucht. Ihr könnt dies auch als eine Berufung ansehen. Ihr seid schon eine Weile miteinander unterwegs, habt schon einiges vom Glück gefunden, schon manche Herausforderung gemeistert: Umzüge, Wechsel Eurer Arbeitsstellen, vor allem auch die längere Wochenendbeziehung und manches mehr. Und heute bittet Ihr um Gottes Segen für Euer gemeinsames Leben.

Es mag Momente gegeben haben oder geben, wo Ihr Euch fragt: Wie kommen wir mit all dem zurecht, was auf uns zukommt im Beruf oder auch in unserer Partnerschaft? Was ist, wenn unsere Hoffnungen sich nicht erfüllen, wenn unsere Pläne scheitern?

Es gibt Situationen und Zeiten, da ist man trostlos und verzagt, fühlt sich unverstanden, überlastet, ist vielleicht auch vom anderen enttäuscht oder genervt. Dann wird es Zeit, sich an die gemeinsame Berufung, an das gegebene Versprechen zu erinnern und Vertrauen zu wagen. Vertrauen ist das „Betriebssystem" unseres Lebens, wenn das nicht funktioniert, dann stürzt das System ab.

Wie aber entsteht Vertrauen? Und wie kann man es wieder gewinnen, wenn es gestört ist? Vertrauen kann man leider oder zum Glück nicht kaufen. Man bekommt es geschenkt, indem man es selber schenkt. Vertrauen entsteht also auf dem Nährboden verlässlicher und wertschätzender Beziehungen. Wenn ich von hier vorne in diese festlich geschmückte Kirche schaue, dann sehe ich in viele noch festlichere Gesichter. Hier sind viele, mit denen Ihr in guten Beziehungen lebt, denen Ihr wichtig seid, Eltern und Geschwister, Freundinnen und Freunde, Kolleginnen und Kollegen, Nachbarn aus dem Dorf, Junge und Alte von nah und fern. Wir alle schätzen Euch, mögen Euch, meinen es gut mit Euch. Darauf könnt Ihr Euch verlassen. Deshalb: seid getrost und unverzagt!

Nicht direkt sehen und Euch dennoch ganz und gar verlassen könnt Ihr Euch auch auf Gottes Beziehung zu Euch, auf seine Treue und Liebe. Das symbolisieren Eure beiden Taufkerzen, die hier vorne auf dem Altar stehen. Und passend zum heutigen Hochsommertag möchte ich mit Martin Luther sagen: „Gott ist ein glühender Backofen voller Liebe[26]." Diese Liebe Gottes ist das „Passwort" für einen Zugang zu einem gelingenden Leben, ist der Nährboden und die Quelle aller lebensförderlichen Beziehungen, ein fester Grund und Rückhalt, egal was passiert. „Ich will Dich nicht verlassen noch von dir weichen". Dies ist Gottes Hochzeitsgeschenk für Euch. Denn die Zusage gilt nicht nur Josua, sie ist „globalisiert" durch Jesus Christus. Er heißt „Immanuel", d.h. „Gott mit uns". Er ist das Fleisch gewordene persönliche Versprechen der leisen und unaufdringlichen, manchmal unbegreiflichen Gegenwart Gottes in unserem Leben. „Ich bin bei Euch alle Tage" (Matthäus 28,20).

Auf dieses Versprechen Gottes könnt Ihr Euer Vertrauen und Euer gemeinsames Leben immer neu gründen. Ich möchte Euch zur Illustration von einem Experiment erzählen, von dem der Neurobiologe Gerald Hüther einmal in einem Vortrag berichtet hat. Hirnforscher setzten einen Affen in einen Käfig und ließen dann einen aggressiven Hund auf den Käfig los, und nach einiger Zeit maßen sie die Angst- und Stressreaktion des Affen. Diese war – wie Ihr Euch denken könnt – erheblich! Und nun machen sie folgendes: Sie setzen den Affen wieder in den Käfig, diesmal gesellen sie ihm einen Artgenossen bei. Der Hund wird wieder auf den Käfig losgelassen, er springt gegen die Gitter, bellt und fletscht furchtbar die Zähne. Als man nun die Angst- und Stressreaktion der Tiere misst, ist der Stress erheblich geringer.
Soviel zu der Erfahrung, was es ausmacht, wenn einer da ist, der zu einem steht, und der nicht wegläuft, wenn es ungemütlich oder stressig wird. Wir brauchen also ganz konkret Menschen, die durch ihr Dasein Gottes Zuspruch für uns erfahrbar machen: Du bist geliebt, du bist nicht allein. Sei getrost – auch wenn die „Hunde" dieser Welt die Zähne gegen Dich

---

[26] Martin Luther in einer Predigt am 15.03.1522

fletschen. Du kannst Dich darauf verlassen: Ich liebe dich, ich schätze und unterstütze Dich, so gut ich kann. Was Gott durch Jesus Christus uns allen sagt, kann und wird der Nährboden und die Kraft auch Eurer Partnerschaft sein.

Lieben heißt also: einem **Versprechen vertrauen** – und ein **Versprechen geben**.
Weil aber alles Wollen und Vollbringen letztlich auf dem Segen Gottes beruht, möchte ich mit dem 75 Jahre alten Spruch an der Scheunenwand gegenüber Utas Elternhaus schließen. Ich habe ihn kürzlich bei einem Spaziergang durch das Dorf entdeckt. Er rät zu Demut und Bescheidenheit und zur Bereitschaft, sich mit dem beschenken zu lassen, was man weder kaufen noch selber herstellen kann:

Si nich stolt up dine Schiier,	*Sei nicht stolz auf deine Scheuer,*
up Eikenholt un faste Müer.	*auf Eichenholz und feste Mauer.*
Biä to God üm sinen Siängen,	*Bitte Gott um seinen Segen,*
um Sunnenschin un Dau un Riängen.	*um Sonnenschein und Tau und Regen.*[27]

Amen.

---
[27] Übersetzung von Werner Posner

Allerseelen

Ruhen die Seelen?
Ruhen sie in Frieden?
Genießen sie
in aller Seelen-Ruhe
die glückselige Schau
des Göttlichen?
Wissen sie, wo sie sind?
Entbehren sie mit Schmerzen und Leiden
zugleich die Freude am Sein?
Entgeht ihnen nicht
mit Dunkelheit und Kälte
auch der wärmende Aufstrahl
des Lichts?

Aber vielleicht
ruhen sie gar nicht
in aller Seelen-Ruhe;
vielleicht wirken und weben sie
heimlich
Gold- und Silberfäden
in unsre groben Gewänder

Unsere Heimat ist im Himmel[28] - Trauerpredigt

Liebe Gemeinde im St. Josef-Hospital, liebe Angehörige und Freunde von Pfarrerin I.H., lieber Hans-Peter!

„Unsere I. ist uns in jene himmlische Heimat vorausgegangen, deren Bürgerin und Botschafterin sie schon hier auf Erden war." In diesem Satz auf der Todesanzeige von I.H. ist uns gesagt, woran wir Christen glauben und was wir hoffen dürfen; und wozu wir hier auf Erden sind. Wir dürfen glauben und hoffen, dass wir, wenn wir sterben, nicht im Nichts versinken, auch wenn unser Leib zu Erde oder zu Asche wird, sondern dass wir dorthin heimgerufen, heimgeholt werden, wo unsere eigentliche, wahre Heimat ist. Und der Sinn unseres Lebens liegt darin, Botschafter des unsichtbaren Reiches der umfassenden und bedingungslosen Liebe Gottes zu sein.

Diese Sicht auf die Bestimmung unseres Lebens gründet sich auf ein Wort des Paulus in seinem Brief an die Gemeinde in Philippi. Der Apostel schreibt aus dem Gefängnis einen von tiefer Freude und Glaubenszuversicht erfüllten Brief, in dem wir unter anderem lesen: "Unser Bürgerrecht aber ist im Himmel; woher wir auch erwarten den Heiland, den Herrn Jesus Christus" (Phil. 3,20).

Bürgerrecht oder Heimat im Himmel – dies klingt für manche heutzutage sehr fremd. Viele haben ein gebrochenes Verhältnis zu Bildern und Vorstellungen von „Heimat". Und „Heimat im Himmel"? Für uns neuzeitliche Menschen scheint es nur dieses irdische Leben zu geben. Und daran hängen wir, mit jeder Faser unseres Leibes. Deshalb muss uns das irdische Diesseits als der einzige Ort jeglicher Erfüllung und größtmöglichen Glückes dienen. Deshalb sind viele von uns so sprachlos im Blick auf eine Hoffnung, die über das Sichtbare hinaus reicht. Und deshalb gerät alles ins

---

[28] Trauerfeier für Pfarrerin I.H. (1931-2010) im Ev. Abendgottesdienst im St. Josef-Hospital Bochum am 03.03.2010

Wanken, wenn unser irdisches Dasein von Krisen erschüttert oder vom Tod beendet wird.

Diese Krisen bedrohen unser Gefühl, in diesem Leben sicher zu sein. Sie machen uns Angst, machen uns aber auch unsere tiefe Sehnsucht bewusst, dass wir geborgen, gehalten, getröstet sein möchten; dass wir aufatmen können und Zuversicht gewinnen. Und dies gibt es glücklicherweise auch in unserem irdischen Leben: Orte oder Situationen, wo wir uns gehalten, gestärkt, aufgerichtet fühlen. Ein Ort aber und ein Mensch, bei dem uns dies geschenkt wird, kann „Heimat" genannt werden.

Auch I.H. hat solche irdischen Heimaten in ihrem Leben gehabt, wo sie sich geborgen wusste, wo sie ihre Lebens- und Glaubenskräfte stärken konnte: ihre „geliebte Kinderheimat", die Kommunität der Schwestern von Grandchamp in Frankreich, wo sie regelmäßig meditiert hat, manchmal auch das St. Josef-Hospital. Sie sagte oft: "Heute gehe ich wieder in mein geliebtes Josefs". So etwas wie eine Heimat war ihr auch die Musik, die Literatur, das Wandern und das gemeinsame Leben an Deiner Seite, lieber Hans-Peter.

Eines war ihr aber außerordentlich wichtig: nämlich das Wissen, dass jede irdische Heimat vorläufig ist. Deshalb war ihr der wichtigste „Ort", um sich innerlich zu beheimaten, kein irdischer und kein geografischer Ort, sondern ihre Beziehung zu Jesus Christus. In dieser vertrauenden Beziehung hat unsere liebe I.H. leidenschaftlich und überzeugt gelebt.

Jesus Christus – dieser Name ist der Inbegriff der uns und alle Menschen umfassenden und durchwirkenden Liebe Gottes. Zu diesem Namen hat I. sich bekannt. Und von ihm hat sie immer Zeugnis abgelegt als Gemeindepfarrerin, als Seelsorgerin in der Epilepsie-Klinik, als treue Besucherin der Kranken hier im St. Josef-Hospital und der Bewohnerinnen im Mauritiusstift, als Unterstützerin vieler einzelner Menschen. So war sie in den beinahe 79 Jahren ihres Lebens eben auch eine aktive und engagierte Bürgerin und Botschafterin unserer „himmlischen Heimat".

Liebe Gemeinde, wenn wir uns wie I.H. im Reich der göttlichen Liebe beheimaten, gewinnen wir eine Kraft und Zuversicht, die uns in den beglückenden wie in den bedrängenden Angelegenheiten dieser Welt stärkt und trägt; und die uns auch mit Krankheit und Gebrechlichkeit einigermaßen versöhnt leben lässt. Das hat uns I.H. auch vorgelebt in mancherlei Hinsicht. Sie lebte wach und aufmerksam mitten in der Welt und bewahrte sich zugleich eine gesunde Distanz zu allen Dingen.

Denn darauf kommt es an: sich an der Liebe Christi so festzumachen, dass die Dinge dieser Welt uns nicht gefangen nehmen, dass unsere Krisen uns nicht zerbrechen, sondern uns mehr und mehr umgestalten in das Bild Christi. Dies ist auch dem Apostel Paulus im Gefängnis, in Stunden großer Not und Heimatlosigkeit, deutlich geworden. Und er hat erfahren: Jesus Christus lebt in mir stärkt mich mit seiner Kraft in guten und in schweren Zeiten, in Freude und Leid, Glück und Trauer. Und ich bleibe in ihm, auch wenn ich sterbe.
Wie lebt es sich mit solch einer Hoffnung? Albert Frank, der Vater von I.H., Pfarrer und Dichter, formuliert es in einem seiner Gedichte so:
"Kostbar sind Minuten, Stunden,
die uns Menschen sind geschenkt,
und wir sind dadurch verbunden
stets mit dem, der alles lenkt.
Er hält fest in Seinen Händen
unser Leben, alle Welt.

Er kann stets zum Heile wenden,
was da steht und was da fällt.
Nützen laßt uns alle Zeiten,
die von Gott uns zugeteilt,
bis in alle Ewigkeiten
unser Herz bei Ihm verweilt".[29]
Amen.

---

[29] aus: Albert Frank, „Zu Gottes Lob", 1984, S. 167 (erschienen im Selbstverlag)

- *Irden – Entdeckungen im Alltag*

Die Welt ist voller Geschichten

Hör´, was sie erzählen:

die auf dem Dachfirst palavernden
Amseln

das an einem Laternenpfahl angelehnte
Damenfahrrad

der auf einem Zaunpfahl hockende
Turnschuh

die neben der Nervenklinik wachende
Kastanie

das aufragende Wurzelwerk des hingestreckten
Baumriesen

die auf der Parkbank liegen gebliebene
Kinokarte

die vor der Kirchentür tanzenden
Rosenblüten

Suche nach dem Licht[30]

Kennen Sie den Maler Vincent van Gogh? Morgen jährt sich sein Todestag. Er starb am 29.7.1890 im Alter von nur 37 Jahren. Viele seiner Bilder sind weltberühmt: der Sämann, das Weizenfeld, die Brücke, der Nachthimmel, die Sonnenblumen – Bilder voller Licht und Farbe. Ich sehe auch sein Selbstbildnis vor mir: einen Mann mit einem verbundenen Ohr. Er hatte sich einmal in einer verzweifelten Situation selbst verletzt. Ein Maler des Lichts, der auch viel Dunkelheit erfahren hat: berufliche Enttäuschungen und Konflikte, unglückliche Beziehungen zu Frauen, eine seelische Erkrankung mit langen Aufenthalten in einer Heilanstalt. Wie hat er solche wunderbaren Bilder malen können? War das Malen für ihn Ausdruck seiner Sehnsucht nach Licht? War es ein Lichtblick für ihn, malen zu können, trotz allem?

> „Mein Herz, diese Sonnenblume
> auf der Suche
> nach dem Licht",

lese ich in einem Gedicht von Hilde Domin[31]. Das passt wohl zu Vincent van Gogh – und auch zu uns. Zuweilen steht unser Leben unter einem guten Stern, ist in ein helles, wohltuendes Licht getaucht. Alles ist selbstverständlich, klar, unkompliziert. Da gelingt vieles, da macht Dunkelheit nicht bange. Zuweilen aber legen sich Schatten auf uns, verdunkeln das Leben, auch wenn draußen die Sonne hell scheint.
Ich denke an einen Mann, der anrief, weil ihn ein Schicksalsschlag aus der Bahn geworfen hatte. „Ich will nicht mehr, ich kann nicht mehr!" Er denkt daran, sich das Leben zu nehmen. „Aber Sie haben jetzt angerufen", sage ich. „Sie geben sich doch noch eine Chance?" „Ja, doch", sagt er, und er hofft, dass einer zuhört, ihm seine Verzweiflung „abnimmt", den Lichtfunken in ihm wahrnimmt und mit ihm nach mehr Licht sucht.

---

[30] „Zwischenruf" – Stadtspiegel Bochum 28.07.2007
[31] aus: Hilde Domin, Orientierung, in: Gesammelte Gedichte, 1987, S. 213

Ist das nicht ein Lichtblick, wenn jemand zuhört und sich mit auf die Suche nach Licht begibt?

„Wir sind Kinder des Lichts", heißt es in der Bibel (1.Thessalonicher 5,5). Das macht mir Mut. Kinder des Lichts sind wir. Auch wenn unser Leben zuweilen in Dunkelheit getaucht ist – wir tragen etwas von der Kraft dieses Lichtes in uns. Es lohnt sich, gemeinsam danach zu suchen.

Nicht zerbrechen[32]

Eine Nachbarin erzählt mir: „Stellen Sie sich vor, da ist bei uns eine Sonnenblume aus einem schmalen Spalt zwischen zwei Steinen gewachsen. Wer weiß, wie sie dorthin gekommen ist. Vor ein paar Tagen aber ist die Blume in der Mitte abgeknickt, die Blüte lag am Boden. Sie hatte wohl nicht genug Platz, um sich kräftiger zu entwickeln." – „Und was haben Sie gemacht?" – „Mein Mann sagte: ´Abschneiden und in die Vase stecken!´ Aber das ging mir doch zu schnell. Ich suchte zwei Stäbe, steckte sie in die Erde, richtete die Blume vorsichtig daran auf und band sie zur Sicherheit fest. Und jetzt steht sie heute noch hier. Sehen Sie nur, wie die Blüte strahlt!"

Ich freue mich mit meiner Nachbarin – und denke: Sollten wir es nicht auch miteinander so machen? Manche unter uns leben unter schwierigen Umständen, sie geraten unversehens in Notlagen, müssen täglich sehen, wie es weitergeht. Erstaunlich, wie viele damit zurechtkommen. Manchmal aber reicht die eigene Kraft nicht aus, um den Belastungen gewachsen zu sein. Wie schnell liegt einer oder eine am Boden, lässt den Kopf hängen, kann nicht mehr, will nicht mehr. Gut, wenn es in Nachbarschaften und Vereinen Leute gibt, die ihren Nächsten so anschauen und behandeln wie meine Nachbarin ihre Blume: liebevoll, kreativ, unterstützend. Gut finde ich auch, dass in Bochum ein "Bündnis gegen Depression" gegründet wird – ganz im Sinne des Prophetenwortes: "Das geknickte Rohr wird er nicht zerbrechen" (Jesaja 42,3) – er, ein unbekannter "Knecht Gottes". Ich hoffe auf viele solcher "Knechte", die „Geknickte" aufrichten helfen und sie stark machen.

---

[32] „Zwischenruf" – Stadtspiegel Bochum 19.09.2009

Krisen meistern[33]

Dass das Leben gelingt, wünschen wir uns: eine erfolgreiche Bewerbung, eine harmonische Familienfeier, eine glückliche Partnerschaft. Tatsächlich gelingt uns vieles – im persönlichen, im öffentlichen Leben. Man hört nur zu selten davon. Aber es gelingt eben nicht alles. Wir machen Fehler, Beziehungen zerbrechen, Projekte scheitern. Muss ich mich dafür schämen? Bin ich nichts mehr wert? „Wider die Tyrannei des gelingenden Lebens" lautet ein Buchtitel – ein Plädoyer, dem Zwang zum Erfolg zu widerstehen[34].

Heute ist der Welttag der Suizidprävention. Viele tausend Menschen nehmen sich jährlich das Leben. Sie werden mit Krankheit, Einsamkeit, Hoffnungslosigkeit, sozialer Ausgrenzung nicht fertig. Ihre Hinterbliebenen leiden darunter, dass es nicht gelang, die Sebsttötung zu verhindern. Kann es sein, dass auch die heimliche „Tyrannei des gelingenden Lebens", dass zu hohe Erwartungen uns in manche Krise treiben? Wie aber damit umgehen, wenn ich scheitere? Mir hilft es sehr, wenn ich mit einem vertrauten Menschen rede oder wenn ich mich frage, was ich aus dem Misserfolg lernen kann. Und mir hilft der Glaube, dass wir – erfolgreich oder nicht – wertvoll und angenommen sind bei Gott. Erfolg liegt letztlich nie in unserer Hand. Gelingen ist immer auch Geschenk. Biblisch gesprochen: „Wenn der HERR nicht das Haus baut, so arbeiten umsonst, die daran bauen" (Psalm 127,1).

Wer alles aus eigener Kraft meistern will, den wird jeder Misserfolg kränken. Wer tut, was er kann, und dabei auf Segen hofft, der wird so schnell nicht verzagen.

---

[33] „Zwischenruf" – Stadtspiegel Bochum 10.09.2011
[34] Gunda Schneider-Flume, Leben ist kostbar: Wider die Tyrannei des gelingenden Lebens, 2002

Ein "Schluck Licht" am 4. Advent[35]

Auf der Zielgeraden vor dem großen Fest: Weihnachtsdüfte liegen über der Innenstadt, Lichterketten fesseln die Augen, Kerzen und Dekos verbreiten Gemütlichkeit. Frohe Erwartung überall. Überall?
In der Telefonseelsorge und der Krisenberatungsstelle „Prisma", in der ich arbeite, begegnen mir die anderen Stimmungen im Advent. Mancher fühlt sich gerade jetzt besonders einsam, trauert um liebe Menschen, um verlorenes Glück. Oder ist gestresst, krank, sehnt sich nach Ruhe, hat Angst vor der Zukunft. Das alles gehört auch in diese Zeit. Wie könnte eine Adventsbotschaft lauten, die auch diese Befindlichkeiten trifft?

Bei Tomas Tranströmer (1931-2015; Literaturnobelpreis 2011) lese ich[36]:
  „Mutlosigkeit bricht ihren Lauf ab.
  Die Angst bricht ihren Lauf ab.
  Das eifrige Licht rinnt hervor.
  Auch Gespenster nehmen einen Schluck…"
Ungewöhnliche Sprachbilder! Für mich beschreiben sie die Sehnsucht, die Gewissheit gar, dass man aufatmen darf, dass Ängste sich lichten, dass man frohgemut leben kann, anders gesagt, dass Göttliches im alltäglich Menschlichen zum Vorschein kommen will: Advent. Ob wir´s auch mal wagen: Mutlosigkeit zu unterbrechen; auf Licht zu achten, das "hervorrinnt" zwischen Grüßen, Blicken, Begegnungen?

Eine kranke Frau erzählte mir, dass sie begonnen hat, ein „Tagebuch der kleinen Freuden" anzulegen. Vielleicht probieren Sie das auch einmal. Nehmen Sie einen „Schluck" von dem Licht, das vom armen Kind in Bethlehem ausgeht, von seinem Vertrauen und seiner Weisheit, einen „Schluck", der nicht beschwipst, aber beschwingt.

---

[35] „Zwischenruf" – Stadtspiegel Bochum 17.12.2011
[36] aus: Der halbfertige Himmel, in: Sämtliche Gedichte, 1997, S. 73

„Brückentag"[37]

Karsamstag: der Tag zwischen Karfreitag und Ostern. Einerseits ist er ein normaler Samstag mit Besorgungen, Ausflügen und ähnlichem. Doch er kann mehr bedeuten: er ist nämlich ein „Brückentag". Ich meine damit folgendes: Da ist etwas Furchtbares geschehen, eine böse Nachricht hat uns erreicht – der Schrecken sitzt noch in den Gliedern. Einer ist verunglückt – und du bist heil geblieben. Einer ist tot – und du hast überlebt. Die Sonne ist auch heute wieder aufgegangen – aber nichts ist wie früher, und nichts ist gut.

Karsamstage sind die Tage nach dem Trauma. Du weißt nicht, ob und wann es wieder anders, besser wird. Sind dies wirklich „Brückentage"? Übergänge? Zu was? – In der Seelsorge begegnen mir oft „Karsamstagsmenschen", ich höre ihren Schmerz, ihre Klage. Und hoffe – manchmal stellvertretend – auf den Beginn neuen Lebens, auf Befreiung vom Schmerz, von der Qual. Denn die Osterbotschaft von der Auferweckung Jesu sagt: Gottes Macht ist groß, und das Leben obsiegt – trotz allem.

„Karsamstage" können daher „Brückentage" sein zu neuer Kraft und Zuversicht. Wenn die Zeit dafür kommt, lichtet sich das Dunkel. Dann wird der Stein von unserer Seele genommen. Dann stehen wir auf zu neuem Leben. „Am Anfang ist, wer am Ende steht", sagte der israelische Dichter Elazar Benyoetz (*1937) neulich in einem Vortrag.
Ich wünsche Ihnen gesegnete Ostern!

---

[37] „Zwischenruf" – Stadtspiegel Bochum 07.04.2012

Reden ist Gold[38]

„Reden ist Silber, Schweigen ist Gold", sagt man. Das stimmt, oder? Oft ärgert man sich über ein unbedachtes Wort, das einem über die Lippen kommt, und bereut es später. Lieber erst nachdenken, dann reden! Andererseits gibt es Leute, die nichts sagen (können), auch wenn es wirklich nötig wäre. „Wie geht´s?" – „Danke, bestens". In Wirklichkeit steht einem das Wasser bis zum Hals. Die Arbeitsstelle ist unsicher, die Beziehung kriselt, die Gesundheit spielt nicht mit, Sorgen machen schlaflos. Warum sagst du´s keinem? Warum schluckst du Ärger, Angst, Verletzung immer runter? Fürchtest du unpassende Kommentare, billige Rat-„Schläge", Konflikte? Möchtest Du keinem lästig sein?

Reden tut gut. Das erfahre ich selber ganz oft. Vor allem, wenn ich Belastendes, Beschämendes oder Beängstigendes sagen kann, ohne komisch angesehen oder kritisiert zu werden. Reden hilft. Ich meine nicht Tratsch und Klatsch, sondern das not-wendige Wort zur rechten Zeit. Trauen Sie sich, zu sagen, was gesagt werden will! Das kann helfen, dass Sie nicht dran krank werden, dass Ihre Beziehung zu anderen lebendig bleibt, dass die inneren Energien fließen.

Auch der heutige Bochumer Seelsorgetag über Depression macht Mut und gibt Anregungen zum Reden in „unsäglichen" Zeiten. Ganz im Sinne des israelischen Dichters Elazar Benyoetz (*1937): „Ein Wort gibt das andere. Das ist die große Gabe"[39]. Die Bibel bringt es so auf den Punkt: „Wie goldene Äpfel auf silbernen Schalen ist ein Wort, gesprochen zur rechten Zeit" (Sprüche Salomos 25,11).

Reden ist Gold? Unbedingt.

---

[38] „Zwischenruf" – Stadtspiegel Bochum 15.09.2012
[39] Elazar Benyoetz, Der Mensch besteht von Fall zu Fall, Aphorismen, Reclam Taschenbuch 2009, S. 21

Ein Lieblingstag[40]

Jeder hat seine Lieblingstage: Silvester oder Neujahr – Geburtstag oder erster Urlaubstag – Donnerstag oder Sonntag. Der letzte Ferientag steht wahrscheinlich nicht so hoch im Rang.

Neulich hörte ich folgenden Dialog: „Was für einen Tag haben wir?" *„Heute."* „Oh, mein Lieblingstag!" Das klingt humorig und ist sehr weise. Denn gestern ist vorbei. Wir können uns erinnern, spüren auch oft lange die Folgen guter oder böser Ereignisse. Aber es ist vorbei, das Jahr 2011 auch und alle Jahre davor, im Guten wie im Schlechten, mit ihren Freuden und Plagen. Und morgen ist noch nicht da. Auch wenn ich mir jetzt schon Stress mit manchem mache. Jemand sagte mir, er fürchte sich jetzt schon vor Weihnachten. Muss das sein?

> „Lass dir jeden Tag geschehen
> so wie ein Kind im Weitergehen
> von jedem Wehen
> sich viele Blüten schenken lässt[41]"

dichtet Rainer Maria Rilke. In jedem Tag kann etwas Besonderes und Kostbares verborgen sein, auch wenn unser Leben nicht den Bildern von Hochglanzprospekten entspricht. Wir müssen nicht am Vergangenen hängen, nicht die Zukunft herbeisehnen oder fürchten, sondern können „heutig" leben – staunend und engagiert. Einen Versuch ist es wert. „Darum sorgt nicht für morgen, denn der morgige Tag wird für das Seine sorgen. Es ist genug, dass jeder Tag seine eigene Plage hat", sagt Jesus im Matthäus-Evangelium (Kap. 6,34) – und gewiss auch seine Freuden, seine Blüten, sein Quäntchen Glück.

---

[40] „Zwischenruf" – Stadtspiegel Bochum, 05.01.2012
[41] aus: Rainer Maria Rilke, Du musst das Leben nicht verstehen, in: Die Gedichte, 5. Aufl. 1992, S. 147

Aufrunden bitte[42]

In einem Geschäft fiel mir kürzlich an der Kasse ein kleines Schild mit dem Hinweis „Aufrunden bitte" auf. Der Kassierer erklärte mir, dass ich beim Bezahlen den fälligen Betrag auf 5 oder 10 Cent aufrunden lassen könne. Das Geld werde an ein soziales Projekt gespendet.

Ich habe mir zu Hause weitere Informationen geholt. An der Aktion beteiligen sich mehrere Geschäfte und Ladenketten. In 18 Monaten sind schon knapp 1,5 Mill. Euro für Projekte, die jungen Menschen in schwierigen Lebenslagen zugutekommen, gespendet worden. Seitdem lasse ich auch gerne aufrunden. Die paar Cent tun mir nicht weh.

„Aufrunden bitte" – das regt an, über Großherzigkeit nachzudenken. Bin ich manchmal nicht zu kleinlich, nachtragend, geizig? Ich will um Gottes willen nichts leichtfertig verschwenden, aber ich will lernen, großzügiger zu sein. Über einen Fehler einmal hinweg zu sehen – auch bei mir selber. Anerkennen, was den anderen gelingt. Aus freien Stücken andere an meinem Überfluss teilhaben lassen. Auch großzügig zu meinen Mängeln stehen. Meine Seele nicht mit Missmut und Gezänk vergiften. Es gibt viele Möglichkeiten, großzügig zu sein, „aufzurunden". Und es macht sogar Freude.

Großzügigkeit ist auch ein Wesensmerkmal Gottes. „Denn er lässt seine Sonne aufgehen über Böse und Gute und lässt regnen über Gerechte und Ungerechte", sagt Jesus in der Bergpredigt (Matthäus 5,45). Großzügig sein adelt uns und verbindet uns mit Gott.

---

[42] „Zwischenruf" 12.10.2013, unveröffentlicht

Schätze heben[43]

Manchmal stehe ich vor einer Tür mit dem Schild „Bitte nicht stören". Im Zimmer findet ein Gespräch statt, das ungestört sein soll, damit die Gesprächspartner in Ruhe und vertraulich miteinander reden können.
„Bitte nicht stören" – das ist für manche auch fast so etwas wie eine Lebenseinstellung. Man macht Pläne für einen Tag oder für das ganze Leben, man setzt sich Ziele, man möchte dies oder jenes erreichen. Da soll mir nichts dazwischen kommen, da soll mich nichts aus dem Konzept bringen. Aber eine Störung muss nicht nur negativ sein. Ich meine das nicht in dem Sinne, wie sich manche Leute über Störungen freuen, weil sie dann eine unangenehme Arbeit vor sich herschieben können. Ich denke daran, dass mich jemand oder etwas stört oder aufhält – und dann geschieht etwas Überraschendes.

So ging es mit neulich vor einem Supermarkt. Ich hatte es eilig, wollte weiter, da sah ich den Straßenmagazin-Verkäufer. Wir schauten uns an. „Schnell eine Zeitung kaufen", dachte ich. Doch dann fragte mich der Mann etwas, und es entwickelte sich ein kurzes, doch sehr persönliches Gespräch. Am Ende hatte ich eine Zeitung und der Mann seinen Euro. Beide waren wir aber auch bereichert von dieser Begegnung, von diesem unerwarteten Aufscheinen von Menschlichkeit.

Manchmal sind es nicht nur kleine Begegnungen, sondern auch folgenreiche Ereignisse, die unsere Lebenspläne stören oder zunichte machen. Auch darin können Schätze verborgen sein, die wir aber oft erst viel später sehen und heben können.
In der Bibel erzählt Jesus von einem Mann, der sich in seinem Alltag stören ließ und im Acker einen Schatz fand (Matthäus 13,44). Jesus sagt: „Er hat Gott gefunden" – weil er sich stören ließ.

---

[43] „Zwischenruf" 05.09.2015, unveröffentlicht

Geschichten von Onkel Fritz

„Wie lange", wurde Onkel Fritz gefragt, „nennst du einen Menschen jung?" Er gab zur Antwort: „So lange, wie er Fragen stellt."
„Dann", erwiderte der Fragende, „werde ich von Jahr zu Jahr jünger."

***

„Wie schnell", wurde Onkel Fritz gefragt, „soll der Mensch sich fortbewegen?"
„So schnell", erwiderte dieser, „dass er einer Schnecke auf seinem Weg ausweichen kann."

***

„Warum", wurde Onkel Fritz gefragt, „grüßt du jeden Tag deinen unfreundlichen Nachbarn?"
„Ich übe", entgegnete er, „meinen Glauben."

***

Wie schwer der Aufstieg gewesen sei, wurde Onkel Fritz nach seiner Besteigung eines hohen Berges gefragt.
„So schwer", antwortete dieser, „dass ich zwischendurch zweifelte, ob ich es überhaupt schaffen würde, und mehr als einmal war ich versucht aufzugeben. Doch", fuhr er nach einer Weile fort, „schwerer als der Aufstieg war nach dem Erfolg der Abstieg."

***

„Warum", wurde Onkel Fritz gefragt, als er lange still vor einem Baum stehen blieb, auf dessen Zweigen ein kleiner Vogel saß, „verharrst du so andächtig vor diesem Vogel?"
„Weil ich ihn liebe", entgegnete der Onkel.
„Wie kannst du diesen Vogel lieben?"
„Indem ich" gab er zur Antwort, „mich seines Daseins erfreue."

***

„Wie entsteht", wurde Onkel Fritz von einem lernbegierigen Jungen gefragt, „ein gutes Gedicht?"
„Ein gutes Gedicht", antwortete Onkel Fritz, „entsteht in mehreren Schritten: zuerst einmal musst du deine eigenen Worte sammeln und prüfen."
„Woraufhin soll ich sie denn prüfen?"
„Ob sie deiner Wahrheit entsprechen."
„Und dann?"
„Die wahre Kunst des Dichtens", sagte mein Onkel, „kommt erst jetzt: streiche alle Worte weg, die überflüssig sind."

***

Ob er gerne Weihnachten feiere, wurde Onkel Fritz gefragt. „Ja", sagte er „aber meine Weihnachtsfreuden haben sich gewandelt." – „Wie das?" – „Früher waren es vor allem die sinnlichen Genüsse, die ich an Weihnachten schätzte, Gebäck, Tannenbaum, Geschenke. Später fand ich sie überflüssig und den Sinn des Festes verstellend. Deshalb konzentrierte ich meine Aufmerksamkeit auf die geistigen Freuden, also Gottesdienste, Gebete, Musik und Gedichte." „Warst du da dem Sinn des Festes näher?" – „Noch nicht ganz; am nächsten kam ich ihm, als ich die geistigen mit den sinnlichen Freuden verband."

***

Eines Tages passierte dem Onkel das Missgeschick, dass ihm seine Brille zerbrach. Eine Bekannte fragte ihn, wie es ihm vorübergehend ohne Brille ergehe. „Ich sehe", bekam sie zur Antwort, „jetzt klarer – nach innen."

***

Am Anfang des neuen Jahres besuchte Onkel Fritz einen Freund. Dieser erzählte voller Freude von einem bevorstehenden Berufs- und einem damit verbundenen Ortswechsel: „Ich habe mir vorgenommen, noch einmal neu anzufangen." „Sehr gut", lobte der Onkel ihn. Dann legte er dem Freund den Arm um die Schulter und lächelte: „Jeder Neuanfang beinhaltet die Chance, alte Fehler zu wiederholen."

***

„Es ist, wie es ist", sprach ein Freund zu Onkel Fritz. Darauf schüttelte der energisch den Kopf. „Wieso schüttelst du den Kopf?" fragte der Freund. „Weil deine Rede nicht stimmt", antwortete er. „Wenn wir uns zum Beispiel streiten, dann mag dies für dich unangenehm und ärgerlich, für mich aber anregend und für einen Zuhörer Ausdruck einer lebendigen Freundschaft sein. Möglicherweise bedeutet der Streit ein und derselben Person heute dies und morgen das. Also ist nichts, wie es ist, sondern es kommt immer darauf an, welche Bedeutung du ihm gibst. „Schade", sprach der Freund. „Zum Glück", meinte der Onkel.

***

„Welches", wurde Onkel Fritz gefragt, „ist die beste Methode, um intensiv und fruchtbar zu arbeiten?"
„Die Einhaltung der Pausen", gab dieser zur Antwort.

***

Onkel Fritz besuchte mit einem Freund ein Orgelkonzert. Als sie die Kirche verließen, sprachen sie über die Musik. „Gewiss hat sie mir gefallen", sagte der Onkel, „denn ich habe etwas Großartiges gehört: alles wirkliche Leben ist Musik."

***

Was sein größtes Erlebnis gewesen sei, wurde Onkel Fritz gefragt, als er von einer weiten Reise zurückkehrte. „Die Erfahrung der Stille eines Waldsees vom Morgengrauen bis zum Abendrot", antwortete dieser. „War das nicht schrecklich langweilig?" – „O ihr Menschen der lärmenden Welt: wirkliche Stille ist gefüllt mit Frieden und Kraft; sie ist ein mit reinem Dasein erfüllter Raum." „Und wie findet man solch eine Stille?" wollten die Erlebnishungrigen wissen. Der Onkel sprach: „Indem man das Tor der Angst vor ihr durchschreitet."

***

Als er der feierlichen Einweihung eines Raumes der Stille beiwohnte, hörte Onkel Fritz, wie einer fragte, ob auch an eine musikalische Beschallung dieses Raumes gedacht sei. Sich seinem Begleiter zuwendend, flüsterte Onkel Fritz: „Lieber Freund, es steigt die Flut, die Inseln werden kleiner."

***

Einen, der sich seiner Arbeit rühmte, fragte Onkel Fritz, ob ihm die Arbeit heilig sei. „In gewisser Weise ja", antwortete der Fleißige. – „Mir ist die Arbeit zwar wichtig und kostbar", sprach daraufhin der Onkel, „aber heilig ist sie mir nicht." – „Und was ist dir heilig?" – „Die Ruhe vor und nach der Arbeit."

***

Am Abend eines Allerheiligentages machte Onkel Fritz einen Spaziergang über den Friedhof. Eine Frau, mit ihrem kleinen Jungen an der Hand, kam ihm entgegen. „Wozu", fragte der Junge, „brennen heute so viele Kerzen auf den Gräbern?" – „Vielleicht wollen sie", sagte Onkel Fritz, „uns heimleuchten."

***

„Entschuldige bitte", rief sein Kollege atemlos, als er zu spät zum verabredeten Termin erschien. „Der Zug hatte wieder mal Verspätung!" – „Macht nichts", erwiderte ihm Onkel Fritz gelassen, „du hast mir auf diese Weise Zeit geschenkt."

***

Eines Tages kam Onkel Fritz recht heiter und vergnügt zur Arbeit. Als seine Kollegen ihn fragten, was ihn an diesem gewöhnlichen Tag zu einer so guten Stimmung veranlasse, erwiderte Onkel Fritz: „Ich bin überzeugt, dass dies ein guter Tag für mich wird." – „Wie kommst du denn darauf", wollten die Kollegen wissen. Da sprach der Onkel. „Ich sah eben einen Mann, der mit einem Lächeln seine Arbeit verrichtete."

***

Onkel Fritz meldete sich einmal in einer religiösen Diskussion zu Wort, in der es um die Frage ging, ob Gott die Wünsche der betenden Menschen erfüllen könne oder nicht. „Wenn er sie erfüllen kann, warum tut er es so selten?" klagte einer. Ein anderer fügte hinzu: „Und wenn er sie nicht erfüllen kann, ist er dann noch Gott?" Onkel Fritz meinte dazu: „Gott erfüllt jedes Gebet." Als alle ihn erstaunt ansahen, fuhr er fort: „Wirklich, er erfüllt jedes Gebet – mit seiner Gegenwart."

***

„Worin", wurde Onkel Fritz bei einer Diskussion im Rahmen eines interreligiösen Dialogs gefragt, „siehst du den Wesenskern aller Religionen?" „In dreierlei", antwortete mein Onkel, „im Staunen, in der Demut und im Mitgefühl – Staunen ist ihr Ursprung, Demut ihre Kraft, Mitgefühl lässt den Menschen zu seinem eigenen Wesen reifen."

***

Eines Tages traf Onkel Fritz einen alten Freund. Da beide etwas Zeit hatten, machten sie es sich in einem kleinen Café gemütlich. „Was macht eigentlich", fragte der Freund nach einer Weile, „wahre Lebenskunst aus?" Mein Onkel Fritz nahm einen Schluck Kaffee, schloss die Augen, zog an seiner Pfeife, blies Rauch in die Luft und sagte: "Nimm dich nicht zu wichtig." – „Ist das alles?", fragte der Freund. „Nein", sagte Onkel Fritz, „es kommt noch eine Kleinigkeit hinzu: bedenke immer, dass du einzigartig und einmalig bist. – Wenn du beidem eingedenk bist, kommst du der Lebenskunst ein Stück näher."

***

Onkel Fritz wohnte einer kirchlichen Tagung bei, auf der ein Aufruf verabschiedet wurde, in dem die Kirchenvertreter ihre große Sorge wegen des Klimawandels zum Ausdruck brachten. Sie empfahlen den Verantwortlichen, zügig Maßnahmen zu ergreifen. Mein Onkel Fritz begrüßte dies sehr. „Allerdings", wandte er sich an den Nachbarn zu seiner Rechten „verstehe ich nicht recht, warum alle mit ihrem Auto vorgefahren sind." Der Nachbar murmelte: „Wollen Sie etwa mit dem Rad fahren?" Onkel Fritz nahm Fahrradhelm und Luftpumpe und verließ schweigend den Raum.

***

„Wann", fragte ein Freund meinen Onkel Fritz, als er in der Zeitung vom drohenden Klimawandel las, „kommen die Menschen endlich zur Besinnung?"
„Zur Besinnung" entgegnete mein Onkel, „kommen wir aller Erfahrung nach immer einen Augenblick zu spät."

***

„Was", wurde Onkel Fritz gefragt, „zählst du zu den bedeutendsten Ereignisse der Geistesgeschichte?" – „Den Moment", antwortete mein Onkel ohne Zögern, „in dem Albert Schweitzer die Idee der ‚Ehrfurcht vor dem Leben' eingegeben wurde."

***

Einmal kam ein Freund auf einem Spaziergang mit meinem Onkel Fritz an einem psychiatrischen Krankenhaus vorbei. Einige Kranke hielten sich in einem mit einem Sicherheitszaun umgebenen Garten auf. „Diese armen Menschen", sagte der Freund, „tun mir leid. Wie sie sich wohl fühlen müssen, so eingesperrt zu sein!"
Mein Onkel zögerte mit seiner Antwort, dann fragte er den Freund: „Und wir, sind wir denn frei?"

***

An einem Sonntag machte Onkel Fritz mit seinem Freund einen Spaziergang. An einem Haus sahen sie hinter einem Fenster ein Mädchen sitzen. Onkel Fritz blieb stehen und winkte dem Mädchen zu. Dieses erwiderte den Gruß und winkte zurück. „Kennst du das Kind?", fragte der Freund. „Eigentlich nicht", sagte mein Onkel, „ich kenne weder seinen Namen noch habe ich je mit ihm gesprochen. Aber unser Gruß hat die Mauer der Fremdheit zwischen uns durchdrungen."

***

Auf dem Rückweg von einer Beerdigung unterhielt sich mein Onkel Fritz mit einem Freund über dies und jenes. Unvermittelt blieb er stehen, sah den Freund an und sagte: „Jetzt weiß ich, worauf es mir im Leben am meisten ankommt." – „Nun?", fragte der Freund. „Vor allem dies", sagte mein Onkel Fritz, „großzügig und freigebig sein." – „Wo soll das hinführen?" fragte der Freund. Mein Onkel Fritz schaute ihn groß an und sagte: „Vielleicht in die Herzen einiger Menschen."

***

Bei einem Beerdigungskaffeetrinken, an dem auch mein Onkel Fritz teilnahm, weil er es schätzte, sich der Gemeinschaft der Lebenden zu erfreuen, nahm einmal auch ein junges Paar mit einem Neugeborenen teil. Viele der Trauergäste wandten sich dem kleinen Erdenbürger liebevoll zu. Als mein Onkel Fritz das sah, sagte er: „So ist es gut: die Kleinen umhegen – die Sterbenden begleiten – die Toten würdevoll bestatten – und allen Wesen in Freimut und Achtung zugetan sein."

***

Eines Tages gestand mein Onkel seinem Begleiter: „Ich kann nicht verhehlen, dass ich immer alles perfekt machen will." – „Was ist daran so verwerflich?", fragte der Bekannte. „Nun, im Grunde nichts", meinte mein Onkel. „Allerdings frage ich mich manchmal, ob es dem Leben förderlich ist." – „Wie soll ich das verstehen?" – „Ganz einfach: ein Perfektionist bekennt sich mehr zum Tod als zum Leben. Denn der Tod ist der Einzige in der Welt, der eine Sache perfekt macht."

***

Bei einer anderen Gelegenheit griff mein Onkel Fritz noch einmal das Thema „perfekt sein wollen" auf. „Ist es nicht auch etwas Gutes, wenn man Fehler macht oder in dem einen oder anderen Bestreben nicht erfolgreich ist?" – „Wie das?", fragte der Freund. „Unsere Fehler und Halbheiten sind die Lücken, durch die der schöpferische Geist schlüpfen kann, um Neues zu kreieren", sagte mein Onkel.

***

Einmal wurde mein Onkel Fritz gefragt, ob er in der Lage wäre, das Wesentliche seines eigenen Lebens in weniger als zehn Worten zu formulieren. „Nun", sagte mein Onkel, „das ist eine schwere Aufgabe. Nach kurzem Überlegen sagte er: „In manchem erfolgreich – in manchem gefehlt – in allem bewahrt." Einer der Anwesenden meinte, dass dies wohl ganz allgemein für jeden gelte. „Gewiss", meinte mein Onkel, „aber sagen kann es jeder nur von sich selbst."

***

Onkel Fritz strahlte oft eine unverdrossene Heiterkeit aus. Von einem Bekannten darauf angesprochen, sagte Onkel Fritz: „Ich will dir ein Gleichnis erzählen. Ich verbrachte vor Jahren einmal ein paar Tage in einem Haus in den Bergen. Als ich an einem sonnigen Morgen ins Tal aufbrach, gelangte ich, je tiefer ich kam, in immer dichteren Nebel. Unten angekommen, war alles grau in grau, kalt und unwirtlich. Aber in meinem Gemüt blieb es hell. Ich hatte die Sonne gesehen oben auf dem Berg, und ich wusste, dass sie immer noch dort war, und sie wärmte mich den ganzen Tag."

***

Beim Gespräch über das Älterwerden waren mein Onkel Fritz und sein Freund sich einig darüber, dass das Alter beträchtliche und unangenehme Veränderungen mit sich bringt. „Vor allem", gab mein Onkel zu bedenken, „verschärfen sich die Fragen." – „Kannst Du mir ein Beispiel geben?", fragte der Freund. „Aber ja", erwiderte der Onkel: „Wozu sind wir auf der Welt? Und wohin gehen unsere Toten?"

***

Einmal sinnierten mein Onkel Fritz und sein Begleiter darüber, was mutig zu nennen sei. Der Freund verwies auf die wagemutigen Aktionen der Akrobaten im Zirkus, auf den Mut der Bergsteiger und Tiefseetaucher, den Mut der Auswanderer und Aussteiger, den Mut, Kinder in die Welt zu setzen. Mein Onkel gab zu, dass dies alles gewiss mutig sei. Dann schaute er dem Mann nach, der gerade vorüberkam. Der schleppte sich mit seiner Gehbehinderung mühsam voran. „Mutig" sagte mein Onkel nachdenklich, „nenne ich, die ein unveränderliches Los tragen und doch Schritt für Schritt ihren Weg gehen."

***

Eines Sonntags besuchte mein Onkel Fritz einen Jugend-Gottesdienst. Er erzählte seinem Freund von der Popmusik der Band, den Videocollagen und der Tanzchoreographie zu einem modernen Lied. „Hast du dich nicht ganz fremd und verloren gefühlt?", fragte der Freund. „In der Tat", erwiderte mein Onkel. „Doch dann fiel mir ein, dass sich die Jugendlichen in unseren traditionellen Gottesdiensten genauso fremd fühlen müssen wie ich heute." – „Und welchen Schluss ziehst du daraus?" – „Die kirchliche Monokultur hat ausgedient. Erfreuen wir uns im Dialog der Kulturen."

***

Onkel Fritz pflegte sich manchmal an einen ihm vertrauten Ort zurück zu ziehen und dort einige Zeit allein zu verbringen. Einmal fragte ihn sein Freund, welchen Rat er denen geben könne, die allein sind und darunter leiden. Nach kurzem Nachdenken antwortete mein Onkel: „Alleinsein ist schwer, wenn man es nicht für eine gewisse Zeit freiwillig wählt.
Aber man ist nie so allein, wie man sich manchmal fühlt."

***

Gelegentlich besuchte Onkel Fritz einen Künstler in seinem Atelier. Einmal nahm mein Onkel ein Stück Kiefernholz, das die Form eines Würfels hatte. Er schliff ein paar Seiten rund, andere ließ er eckig. Auf einer Seite bohrte er ein Loch ins Holz, auf einer anderen zwei, auf einer drei, auf einer anderen wiederum vier Löcher, die er jeweils mit grüner Farbe bemalte. Zwei Seiten aber ließ er unbearbeitet.
„Was bedeutet das?" fragte der Künstler. „ Ein richtiger Würfel ist es ja nun nicht." Mein Onkel schaute ihn an: „So ist unser Leben. Es ähnelt einem Würfelspiel, und ist doch keins. Und die Augen sind Wunden, aus denen Hoffnung quillt."

***

Leidenschaftlich gern pflegte mein Onkel Fritz mit der Eisenbahn zu reisen. Als er eines Tages mit einem Freund auf Reisen war, sagte dieser: „Ich beobachte, dass die meisten Menschen etwas zu essen beginnen, kaum dass die Reise begonnen hat. Was mag wohl der Grund dafür sein?"
Mein Onkel biss genüsslich in sein Butterbrot, kaute in Ruhe und meinte dann: „Lieber Freund, essen vertreibt nicht nur den Hunger, sondern es tröstet ungemein." – „Wozu brauchen denn all diese Reisenden Trost?", verwunderte sich der Freund. – Mein Onkel sagte: „Wir brauchen Trost für den Schmerz des Abschieds und für die Ungewissheit des Ankommens."

***

„Neulich", sagte mein Onkel Fritz zu seiner Bekannten, „sah ich im Sitzungszimmer eines kirchlichen Hauses einen schönen Adventkranz mit vier dicken Kerzen auf dem Tisch." – „Was ist daran so besonders?", fragte die Bekannte. „Nun" sagte mein Onkel, „neben dem Adventkranz lag ein Zettel: Bitte nicht anzünden – Brandgefahr!" – „Klar", sagte die Bekannte, „wer will sich schon seine Bude abfackeln lassen!" – „Ganz recht", nickte mein Onkel, „dem braven Hausmeister gebührt Lob. Aber es erschien mir bezeichnend für den Zustand unserer Kirche: schöne Deko erwünscht – zündendes Feuer verboten."

***

„Wie würdest Du", fragte jemand bei einer Diskussion, „die Würde des Menschen definieren?" Mein Onkel schaute eine Weile nachdenklich vor sich hin. „Ich will Dir etwas erzählen", sagte er. „Neulich besuchte ich eine alte Bekannte. Sie lebt in einem Heim für psychisch behinderte Menschen. Als wir uns unterhielten, zählte sie ihre verschiedenen Krankheiten und Einschränkungen auf: Diabetes, Gehbehinderung, Depressionen und manches andere. Mir wurde", sagte der Onkel, „beim Zuhören ganz beklommen zumute. Dann hielt die Bekannte auf einmal inne, schaute mich mit großen Augen an, hob ihre Stimme und sagte: ´Und dann gibt es vor allem noch MICH!´"

***

„Kürzlich", sagte mein Onkel Fritz nach dem Weihnachtsfest zu einem guten Freund, „habe ich meinen Austritt erklärt." – „Aus der Kirche etwa?", fragte der Freund erstaunt. „Aber nein", erklärte mein Onkel lachend. „Ich habe meinen Austritt aus dem Club der Nörgler, Schwarzseher und Selbstgerechten erklärt. „Und wie kam es zu deinem `Austritt`?" – „Ein Pastor lud mich ein, vor dem Kind in der Krippe zu verweilen und in ihm die Menschenfreundlichkeit Gottes zu betrachten."

***

Mein Onkel Fritz erzählte, dass in einer Diskussion ein Teilnehmer auf die grauenvolle Realität des Leides, der Ungerechtigkeit und der Erbarmungslosigkeit in der Welt verwies und dann die Frage in den Raum stellte: „Wie kann Gott das zulassen?" - „Alle wurden still", sagte Onkel Fritz. „Und während ich noch überlegte, was darauf zu antworten sei, meldete sich einer der Alten und antwortete mit der Gegenfrage: „Wie kann Gott das aushalten?"

***

Eines Tages verlor mein Onkel auf Grund einer Erkältung seine Stimme. Zur Not seiner stummen Existenz gesellte sich ein Ärger, wenn manche ihm wortreich bedeuteten, wie er sich am besten zu kurieren habe. Aber, so erzählte er später seinem besten Freund, er habe in diesen Tagen eine wichtige Erfahrung gemacht. „Erfahren habe ich, dass ich, obwohl körperlich anwesend, plötzlich aufhörte zu existieren." – „Aber du hattest dich doch nicht in Luft aufgelöst?" – „Natürlich nicht. Aber wer aus der Sprache fällt, geht verloren."

***

Mein Onkel und sein Freund unterhielten sich über ihre Lieblingswörter. Sie fanden mehrere, zum Beispiel Sommerfrische, Augenschmaus, Geschmeide. „Eines möchte ich ergänzen", sagte mein Onkel. „Es ist ganz unscheinbar." „Jetzt machst du mich neugierig", sagte der Freund. Mein Onkel sagte nur: „Und." – „Und was?" – „Nichts weiter, nur ´und`." – „Was ist daran so besonders?" meinte der Freund. Mein Onkel sprach: „Das ´und` verbindet Gemeinsames oder Gegensätzliches und macht daraus Neues. Statt zu trennen, zeigt es Bewegung und Fortgang an, es lädt ein, weiter zu hören, zu sehen, zu denken. Es bekundet auch unsere Freundschaft: Du und Ich."

***

„Wo warst du an Pfingsten?" fragte ein Nachbar meinen Onkel. „Na, in der Kirche", antwortete Onkel Fritz. „Und", fragte der Nachbar humorvoll, „hast du auch den Heiligen Geist getroffen?" – „Ob ich ihn in der Kirche getroffen habe, bin ich mir nicht sicher", erwiderte mein Onkel ernsthaft, „aber nach dem Gottesdienst saß ein junger Mann draußen auf den Stufen. Er spielte Gitarre."

***

„Heilende Kräfte" lautete das Motto eines Gesundheits-Tages, an dem Onkel Fritz teilnahm. Ein Freund fragte ihn, ob er neue Erkenntnisse gewonnen habe. „Nun", sagte mein Onkel, „ich habe viel Interessantes gehört und erlebt. Ich glaube aber", fuhr Onkel Fritz fort, „dass der Weg zum Heilwerden in erster Linie darin besteht, arbeiten und beten miteinander in Einklang zu bringen."

***

„Warum", wurde mein Onkel Fritz einmal gefragt, „gehst du jeden Sonntag in die Kirche. Da wiederholt sich doch nur alles, die Lieder, die Gebete, der ganze Ablauf. Ist das nicht furchtbar eintönig? Was ist daran so interessant?" Nach kurzem Überlegen sagte mein Onkel: „Die Worte und die Musik vertonen mein Leben und stimmen mich neu."

***

Einmal klagte ein Bekannter über zunehmende Gebrechen im Alter. Mein Onkel sprach: „Die Zeit eilt dahin, unser Körper verfällt, die Seele bleibt immer jung."

***

- *Nachwort: Im Übrigen meine ich*[44]

Hans-Dieter Hüsch hat seine Reden oft mit der Wendung begonnen: „Im Übrigen meine ich…." Diese Formulierung stammt ursprünglich von dem römischen Senator Cato (234 v. Chr. - 149 v. Chr.), der seine Reden regelmäßig mit dem Satz beendet haben soll: „Im Übrigen meine ich, dass Karthago zerstört werden soll."

Da mittlerweile nicht nur Karthago, sondern manche andere schöne Stadt auf schreckliche Weise zerstört worden ist und ungezählte Menschenleben und -seelen dazu, möchte ich aufmerksam machen auf das Leben, seine Schönheit und seine Würde.
Und so lautet heute mein Zwischenruf:

Im Übrigen, meine ich, dass wir unsere Aufmerksamkeit auf das richten sollten, was unsere mancherlei beschwerten Herzen freier und leichter und unser Dasein lebensvoll macht:
auf den Gesang der Vögel, die schon am frühen Morgen und nicht erst am Abend den Tag loben,
auf das Kind, das vertrauensvoll seine Hand in die der Mutter legt,
darauf, dass uns unser Leben als Geschenk gegeben ist,
ja dass es dich und mich für eine Weile auf dieser Erde gibt,
dass du und ich durch so viele Gewitter und Stürme gegangen
und bis jetzt darin bewahrt worden sind,
dass unsere Fehler, Irrtümer und Gebrechen uns nicht um die Würde unseres Lebens bringen.

Ja, im Übrigen meine ich, dass wir uns der lebendigen Vielfalt aller unserer Gefühle erfreuen und uns dankbar zu Gemüte führen sollten, in wie vielen tragenden Beziehungen wir leben,

---

[44] Andacht beim Arbeitskreis „Klinische Seelsorgeausbildung" im Bereich der westfälischen und der rheinischen Landeskirche am 20.02.2015 in Villigst

dass wir alle Tage unser inneres Ohr dem zuneigen, der Lebensworte spricht,
dass uns in seinem Antlitz das Licht einer leidenschaftlichen Liebe aufscheint,
und dass wir sein Antlitz in jedem Menschenantlitz finden können.

Ja, im Übrigen meine ich, dass der Geist Gottes über alles Erdenkliche hinaus unserem zerrissenen Leben immer neu Segen einstiftet.

Nachweise

Die Bibelzitate sind entnommen aus der Lutherbibel, revidierter Text 1984, durchgesehene Ausgabe, © 1999 Deutsche Bibelgesellschaft, Stuttgart

Der Abdruck der Lieder aus dem Evangelischen Gesangbuch (EG) erfolgt mit freundlicher Genehmigung des Kirchenamtes der EKD, Hauptabteilung II, Referat 216 (Gottesdienst und Kirchenmusik)

Texte:
S. 58:
Gedicht „geburt" mit Genehmigung des Radius-Verlags entnommen aus: Kurt Marti, geduld und revolte. die gedichte am rand, © 2011 by Radius-Verlag Stuttgart
S. 74:
Zitat aus: Tomas Tranströmer, Der halbfertige Himmel, Abdruck mit freundlicher Genehmigung des Carl-Hanser-Verlages München
S. 76:
Der Abdruck des Zitates von Elazar Benyoetz erfolgt mit freundlicher Genehmigung des Autors

Printed by Books on Demand GmbH, Norderstedt / Germany